Marcel Bénabou

Warum ich keines meiner Bücher geschrieben habe

Aus dem Französischen von Ulrich Raulff

Frankfurter
Verlagsanstalt

Titel der französischen Ausgabe:
Pourquoi je n'ai écrit aucun de mes livres
Erschienen in der Sammlung
TEXTES DU XXe SIÈCLE
Collection dirigée par Maurice Olender

Erste Auflage 1990

Satz: Photosatz Reinhard Amann, Leutkirch
Druck & Einband:
Franz Spiegel Buch, Ulm
Printed in Germany
ISBN 3-627-10019-0

Für Isabelle

In dem Bewußtsein, daß der Ansatz zu meinem Gegenstand nicht nur knapp gefaßt sein mußte, sondern auch derart dicht, daß sich alle Stücke des Werkes folgerichtig daraus ergaben, habe ich lange danach gesucht; für den ersten Satz von Belphégor *brauchte ich Jahre.*

Julien Benda
La jeunesse d'un clerc

An den Leser

Auf die ersten Zeilen eines Buches kommt es an. Man kann nicht genug Sorgfalt auf sie verwenden. Kritiker und Berufsleser geben freimütig zu, daß sie ein Buch nach seinen ersten drei Sätzen beurteilen: mißfallen ihnen die, so hören sie zu lesen auf und fangen erleichtert das nächste Buch an.

Dieses gefährliche Kap haben Sie, verehrter Leser, soeben umschifft. Da ich von nun an nicht mehr so tun kann, als wüßte ich nicht von Ihrer Gegenwart, so sei es mir gestattet, Ihren Mut, ja Ihren Sinn fürs Abenteuer zu bewundern. Einzig im Vertrauen auf eine ungewöhnliche Flagge und ohne Kenntnis der Fracht, die unter ihr segelt, stürzen Sie sich in die Lektüre eines unbekannten Werkes. Ein Maß an Kühnheit liegt darin, wie man es unserer Zeit kaum noch zugetraut hätte.

Zwar mag im vorliegenden Fall – womit keineswegs Ihr Verdienst geschmälert werden soll – das Risiko nicht übermäßig groß scheinen: das Werk ist von bescheidenem Umfang, die Reihe*, in der es erscheint, hat rasch ein gewisses Ansehen erlangt, und sollten Sie sich gelegentlich mit Erzeugnissen oulipiner Herkunft** be-

* Textes du XXe siècle. Collection dirigée par Maurice Olender. Verlag Hachette, Paris, künftig im Verlag Seuil, Paris (A. d. Ü.).

** Oulipin, von OULIPO, *Ouvroir de littérature potentielle*, eine 1961 eingerichtete Schreibwerkstatt, in der u. a. Raymond Queneau, Georges Perec und Marcel Bénabou tätig waren bzw. sind (A. d. Ü.).

schäftigt haben, dürfte Ihnen sogar der Name auf dem Umschlag ein Begriff sein.

Doch gerade darin liegt vielleicht auch die Gefahr. Wer weiß, auf welche Expedition Sie hier mitgeschleppt werden sollen? Lassen Sie mich indessen vorab um Ihr Vertrauen werben und einige mögliche Mißverständnisse ausräumen.

Gewiß sind Sie der Meinung, daß es, wie ansehnlich die Zahl der Bücher (jeglicher Art und Sorte, vom schmalsten Büchlein bis zu den umfangreichsten Enzyklopädien), die seit über siebentausend Jahren (eine halbwegs zuverlässige Angabe wird sich in einem Spezialwerk auftreiben lassen) hergestellt worden sind, auch sein mag, doch mindestens abwegig wäre, die eigene Originalität auf die schlichte Tatsache gründen zu wollen, daß man an dieser stetig sich erneuernden Produktion keinen persönlichen Anteil gehabt hat; kurz, kein Buch geschrieben zu haben wird in Ihren Augen kaum ausreichen, einen Menschen auszuzeichnen, noch, ihn sonderlich zu bedrücken. Dem wird, so denke ich, niemand widersprechen.

Wählt man indes einen kleineren Ausschnitt und zieht nicht mehr die ganze Menschheit in ihrer Vielfalt in Betracht, sondern eine kleinere Gruppe – etwa den Kreis von Freunden, Verwandten, Bekannten, in dem jeder von uns sich bewegt und auf dessen Urteil er hört –, so sehen die Dinge schon ganz anders aus. In einem Milieu, in dem das Schreiben und zumal das Veröffentlichen von Büchern nicht nur eine Tätigkeit, sondern auch einen Wert darstellt (manchmal ist es der einzige, der nach vielen Fehlschlägen übrigbleibt), in diesem Milieu also fällt es ungemein auf, wenn man sich abseits hält. Aber gerade diese auffällige Ausnahme verdient nähere Prüfung: gleichviel, ob sie Anstoß erregt oder Rührung, Vergnügen oder Kummer erzeugt, wirft sie für die Nahestehenden Fragen auf, die sich nicht einfach abtun lassen.

Zu ihrer Beantwortung bietet sich eine Reihe von Wegen an, die ich mitnichten einzuschlagen gedenke. Einige davon seien gleichwohl kurz aufgeführt:

- Man kann das Lob der mündlichen Tradition (gegenüber der Schriftkultur) singen;
- man kann die Sprache schmähen, über die Worte herziehen, das Lamento des jegliche-wahrhafte-Kommunikation-ist-unmöglich anstimmen;
- man kann sich in der Unsagbarkeit einrichten und das Schweigen als höchstes Gut preisen;
- man kann das Leben feiern und das Ringen mit der Realität als dem Schreiben überlegen ausgeben;
- man kann einmal mehr die Topoi des Lieber-Verzicht-als-Engagement oder der Sinnlosigkeit-des-Handelns-in-einer-Welt-mit-der-es-sowieso-zuende-geht aufwärmen.

Daß ich keines meiner Bücher geschrieben habe, liegt nicht etwa daran, daß mir vorschwebte, der Literatur den Garaus zu bereiten; ich habe weder die Unfruchtbarkeit als Form der Vollendung gewählt noch das Unvermögen als Machart. Ich trachte nicht nach Zerstörung, im Gegenteil, ich bin entschlossen, die Gesetze der Bücherwelt zu achten.

Es gibt da eine ungeschriebene Regel, welche besagt,

daß der Schriftsteller und erst recht der Nicht-Schriftsteller seine Nicht-Werke auch nicht veröffentlichen sollte. Versänken doch andernfalls die Verleger, die schon jetzt nicht mehr wissen, was sie mit den Bergen von Manuskripten, die bei ihnen eingehen, anfangen sollen, in einer Flut ausgeleerter Schubladen. Des weiteren gilt, und vermutlich aus denselben Gründen, daß man tot sein muß (oder – wenigstens ein bißchen – berühmt), um eines Tages der Herausgabe seiner unveröffentlichten Papiere für würdig gehalten zu werden: als da sind ein Wust von Notizen, Entwürfen, Überlegungen, wie sie ein Mensch, der sich aufs Schreiben verlegt hat, zwangsläufig im Laufe seines Lebens ansammelt, ungehobeltes Material, das nur darauf gewartet hat, in ein werdendes Werk einzugehen.

Gegen diese beiden Regeln möchte ich keinesfalls und schon gar nicht durch Tricks verstoßen. Womit ich allerdings nicht sagen will, daß es mir um ein wie immer geartetes Modell geht, aus dem sich streng deterministisch ableiten ließe, weshalb ich auf keinen Fall schreiben sollte.

Dieses Buch, so es denn zustande kommt, wird das Ergebnis eines Wettlaufs zwischen diversen »Dämonen« (im sokratischen Sinne, versteht sich) sein; im letzten Augenblick werden diejenigen des Zweifels und der Ironie denen des Ernstes und des Glaubens unterlegen sein. Augenblicklich aber bin ich der Zuschauer dieses Wettlaufs und weiß nicht einmal, welchen der Wettstreitenden es anzufeuern gilt.

Der Verfasser

Titel

Der amplificirte Gegenstand des Titels, oder der amplificirte Titel ist das Buch. Der Text des Buchs fängt mit der Erklärung des Titels an und so fort. Novalis

Warum ich keines meiner Bücher geschrieben habe. Für manche Ohren wird das wie eine Provokation klingen: steckt nicht hinter der Wiederaufnahme und Umkehrung eines so berühmten Titels der anmaßende Wunsch, eine Geistesverwandtschaft, wenn nicht gar (welch Sakrileg) eine Identifikation (zumindest in der Vorgehensweise) mit Raymond Roussel zu behaupten? Träfe das zu, so wäre es ein kindischer Wunsch. Eine Sache war es, vor einem halben Jahrhundert durch eine rätselhafte postume Enthüllung einige (im Grunde wenige) Fabrikationsgeheimnisse eines Werkes mitzuteilen, welches Muße gehabt hatte, seine Leser (und was für welche!) zu begeistern oder zu verstören; etwas anderes ist es, das steht wohl fest, heutzutage ein gleichgültiges Publikum damit fesseln zu wollen, daß man ihm erklärt, warum gewisse Bücher, von denen noch nie jemand gehört hat (und zwar mit gutem Grund), nicht das Licht der Welt erblickt haben.

Und allein die Ersetzung des *Wie* durch ein *Warum* sollte alle Gebildeten (von denen es in der Welt der Literatur bekanntlich wimmelt) darüber belehren, daß alle derartigen Vergleiche müßig sind.

Wenn also keine Provokation vorliegt, handelt es sich dann um ein Paradox, eines jener absurden Produkte sprachlicher Aporien? Nach Art jener Sätze, die zerstören, was sie aussagen, bloß aufgrund der Tatsache, daß sie es aussagen (einige Beispiele dazu fallen jedem ein, und sei es das ausgeleierte vom Kreter, der behauptet, alle Kreter lögen). In diesem Fall machte man es dem Leser (um der argumentativen Bequemlichkeit willen unterstellen wir, daß es wenigstens einen gibt) leicht, der jetzt ausriefe (gesetzt, er fände Vergnügen an dieser Art fiktiven Dialogs, einem allerdings bequemen Verfahren, das man ehedem in hervorragenden Romanen reichlich gebraucht und später wie einen alten Bindfaden weggeworfen hat, das aber heute dank der Informatik unter dem wohltönenden Namen Interaktivität neuerlich Einzug hält), man machte es also dem Leser leicht, der jetzt ausriefe, und zwar an den Autor gewandt (nennen wir so konventionellerweise denjenigen, der zu uns spricht) und mit kaum verhohlener Entrüstung, daß es doch wenigstens ein Buch gibt, das er, der Autor, geschrieben hat, nämlich jenes, das er, der Leser (also Sie), soeben in Händen hält, eben jenes, um das es in diesen verworrenen Reden geht. Worauf der Autor (jedenfalls der, mit dem wir es künftig zu tun haben) wiederum mühelos etliche Antworten geben könnte. Antworten, die ihm den Schnabel stopfen würden, dem Leser: bekanntlich läßt man sich meist nur dazu herbei, dem Leser das Wort zu erteilen, um anschließend auf seine Kosten zu glänzen.

So könnte denn der Autor erwidern, daß die Literatur ihrem Wesen nach paradox ist. Haben wir nicht aus berufenem Munde vernommen, daß im Schriftsteller *neben dem furchtsamen ein kaltblütiger Mensch wohnt, neben dem Verrückten ein Vernunftwesen und Seite an Seite mit einem Stummen, dem es am Wort gebricht, ein wortgewaltiger Rhetor*? Diese Verteidigungslinie wird der Autor indes nicht verfolgen: die Sache läßt sich auch weniger streng anfassen.

Er könnte einwenden, daß sein Titel gar nicht so paradox ist, wie es den Anschein hat. Wenn er erklärt, daß er keines seiner Bücher geschrieben hat, könnte er – je nachdem, auf welches Element man die Betonung legt – gemeint haben: entweder daß er seine Bücher von anderen schreiben ließ, was durchaus nicht selten vorkommt und nicht mehr als Schande gilt; oder daß er die Bücher der anderen geschrieben hat, was nicht minder weit verbreitet ist, aber weit weniger einbringt; oder daß er seine Bücher nur ausgedacht, nicht aber zu Papier gebracht hat; oder daß er etwas anderes geschrieben hat als das, was man gemeinhin Bücher nennt.

Zudem, so kann er noch ergänzen, ist ja niemand gezwungen, den, der *ich* sagt, mit ihm, dem Autor, zu identifizieren. Wer sagt denn, daß er sich im geringsten mit dieser Figur verbunden fühlt? Schließlich ist *ich* nur ein Wort wie jedes andere, ein bloßes – manchmal bequemes – Werkzeug, mit dem man wohl einmal spielen darf, jedenfalls solange das Spiel nicht, was ja auch vorkommt, auf Betrug hinausläuft.

Folgt das Bekenntnis, daß er einen Moment lang versucht war, um nicht mit dem Wildwuchs der *ich*, *meiner*, *mir*, *mich*, der schon den Autor des *Henri Brulard* bekümmerte, ringen zu müssen, für seine eigenen Zwecke einen Henri Brulard zu erfinden (er hätte ihm einen sorgfältig gewählten Namen gegeben wie Marc Guggenheim, Martin Burnacs oder Mathias Flannery), der die Verantwortung für all das übernommen hätte; aber er besaß weder den Schneid noch die Größe, sich derart mit dem Personenstand anzulegen, und außerdem hatten andere das bereits zu geschickt getan, als daß man sich noch daran wagen möchte. Deshalb, wird er fortfahren, hat er sich auch gefragt, ob es nicht das beste wäre, auf das bewährteste aller Verfahren zurückzugreifen, die heimlich von einem Unbekannten anvertrauten Schriften: der Erzähler hätte dann weiter nichts getan, als die Bekenntnisse dieser geheimnisvollen Person abzuschreiben und seinen Senf dazuzugeben, und das alles unter dem halb amüsierten, halb gerührten Götterblick des Autors. Dieser fliegende Maskenwechsel, in den man sorgsam einige subtile Dissonanzen eingebaut hätte, wäre das sicherste Mittel gewesen, um sich alles, was nun folgt, vom Leibe zu halten.

Doch in der ihm eigentümlichen Unentschlossenheit gelangte er zu keiner Entscheidung. Es erschien ihm am Ende absurd, dermaßen zu taktieren, um sich gegen Anschuldigungen zu verteidigen, die vielleicht niemand je erheben würde. Schließlich kann ja wohl jeder einen wirklichen von einem potentiellen Autor und erst recht einen Schriftsteller von seinem Helden unterscheiden.

Dem Leser, so er sich von der beschwerlichen Subtilität dieser Präliminarien noch nicht hat entmutigen lassen, wird unterdes klargeworden sein, daß dieses Werk nicht zur selben Kategorie von Gegenständen gehört und nicht so angelegt ist wie die – im übrigen nicht existierenden – Bücher, von denen der Titel spricht. Mit anderen Worten und um eine Formel aufzugreifen, die bekanntlich Diderot und Magritte viel verdankt, *dies ist kein Buch.*

– Was denn sonst? Ein später Sproß der seligen Aliteratur, ein Nachfahr des verblichenen Antiromans, ein neuerlicher Aufguß des Buches über nichts?

– Na, verraten wir nicht gleich alles, sondern überlassen es jedem einzelnen, sich einen Reim darauf zu machen, was hier veranstaltet wird, und der Sache den richtigen Namen zu geben.

Na bravo! werden Sie sagen. Er muß ja ganz schön naiv sein, unser Autor, wenn er meint, sich mit einer so ungelenken Pirouette aus der Affäre ziehen zu können. Jedenfalls läßt sich der einmal begonnene Dialog nicht gut hier abbrechen, und der gutgläubige Leser wird sogleich die sich aufdrängende Frage stellen:

– Worin unterscheidet sich denn dieses Buch von anderen Büchern? Ist es nicht wie sie aus Wörtern und Papier gemacht? Wenn man es enträtselt, fällt es nicht der Deutung anheim? Wenn man es zerreißt, fällt es dann nicht in Stücke?

Jetzt sitzt der Autor sichtlich in der Klemme. Wie hoch er auch den Leser schätzen mag, wie sehr er ihm auch entgegenzukommen sucht, wird er doch diese Frage offen lassen. Denn offenkundig könnte er diese Neugier nicht befriedigen, ohne alsbald den Ast abzusägen, auf dem er sich mit Mühe niederzulassen sucht. Nehmen wir einmal an, er erklärte, wieso und weshalb dies kein Buch sei; auf der Stelle verlöre der Leser jede Lust weiterzulesen.

– Die Buchhandlungen, wird er nun sagen (der Leser hat jetzt das Wort), quellen über von Büchern, die sich großspurig als Bücher ausgeben und von niemandem gelesen werden; wozu seine Zeit mit einem Buch verschwenden, das sich von vornherein gegen diese Bezeichnung sträubt?

Ein solcher Einwand läßt sich nicht widerlegen. Der Autor wird es darum gar nicht erst versuchen. Im Gegenteil, er wird zugeben, daß er in eine Sackgasse geraten, daß er auf dem Holzweg ist. Aber mittlerweile ist dieses Kapitel zu weit fortgeschritten, als daß man noch daran denken könnte, seinen Lauf zu ändern. Er wird es also lieber so lassen wie es ist und noch eins schreiben, das ganz von vorn anfängt. Um jedes Mißverständnis zu vermeiden, wird er, der Autor, sich jetzt zurückhalten (soweit dies in seiner Macht steht) und seinem Erzähler freie Hand lassen. Jede Wette, daß der Leser auf die Art besser fährt.

Erste Seite

Welch ein mühseliger und geisttötender Irrsinn, auf fünfhundert Seiten eine Idee auszubreiten, die sich im Gespräch ohne weiteres in wenigen Minuten darstellen läßt. Besser tut man so, als existierten diese Bücher bereits, und gibt eine Zusammenfassung daraus oder einen Kommentar dazu. Jorge Luis Borges

Die Wege und Werke des Geistes, der das Unmögliche versucht, sind Gegenstand unerschöpflicher Betrachtung. Man bewundert die sichtbaren Früchte seiner Kunst, und doch denkt man unaufhörlich an die Vorgänge, die zu nichts Sichtbarem geführt haben, und die sich in einer undurchdringlichen und reinen Abwesenheit abgespielt haben. Dort hat der Dichter wahrhaft das Absolute berührt und gehofft, es in einigen Worten auszudrücken, durch ein Wunder von Kombinationen, die dem Zufall entzogen sind. Maurice Blanchot

I

Zum Auftakt ein ganz kurzer Satz. Nicht mehr als ein Halbdutzend Wörter; einfache Wörter, die ersten besten, beinahe jedenfalls. Sollen sie doch vor allem anderen ein Schweigen brechen. Doch schon würde ohne Übergang ein langer Satz im Konjunktiv einsetzen, eine jener Perioden nach alter Art, in der alles reiflich erwogen wäre – die Wahl der Verben, das logische Gerüst, die Zahl der Abschnitte, ihre Länge und Dauer –, um die Neugier des Lesers erst zu wecken und dann zu fesseln, um ihn Schritt für Schritt (gleich einem Kind, das man auf den Wegen eines Gartens leitet, den es zum ersten Mal besucht, gleich einem Gast, den man durch ein Haus führt, das er noch nie zuvor betreten hat) durch den Vollkreis der Satzglieder, die sich – in ihrer wohlgefügten Verschiedenheit – entlang einer einheitlichen Achse anordnen, zu führen und endlich durch ein Labyrinth von Einschüben und Parenthesen auf ein letztes (am Ende eines solchen Weges gewiß nicht erwartetes) Hindernis prallen zu lassen, einen Schlußsatz, der nichts schließt.

Im selben Glanze ginge es natürlich weiter. Jeder Satz ein Treffer. Dank seiner Triftigkeit. Dank seiner Kraft. Und in ihrer raschen Abfolge schlössen sie sich zu einer Kette von blendender Logik.

Das Auge indes glitte zunächst über das äußere Bild der Seite, verweilte dann, denn das die Lettern umspielende Weiß verliehe dem Text ein ungewöhnliches Aussehen: die sorgfältig gewählten und mit Bedacht verteilten Buchstaben schüfen eine durchscheinende Architektur, die ganz und gar von Leere erfüllt schiene. Dort hinein schöbe sich der opake Korpus des gedruckten Wortes, diskret, verstohlen, als wollte er aufgehen im ihn umgebenden Weiß. Und wie der Blick so unter den Zeichen wandelte, vergäße man ganz, daß diese Zeichen Wörter bilden und die Wörter einen Sinn haben könnten.

So sähe er aus, der Anfang eines starken (wie Schnaps) und harten (wie Stahl), aber auch reichen und wuchernden (wie alles mögliche Reiche und Wuchernde) Werkes: ein schönes Stück beschreibender Prosa, eine jener Seiten, die sämtliche Qualitäten zu versammeln scheinen, welche die alten Meister priesen: Festigkeit des Satzbaus, Präzision des Ausdrucks, rednerische Kraft. Doch läge der entscheidende Wert dieser Anfangssequenz darin, daß sie die richtige Beziehung des Sinns, der Bilder und der Töne offen zutage treten ließe, eine nahezu vollkommene Übereinstimmung zwischen dem äußeren Lauf der Worte und ihrem inneren, geistigen Sein. Für den Augenblick einer Seite wenigstens erhöbe sich die Rhetorik aus ihrer Knechtsgestalt.

Und erst am Ende dieser ungewöhnlichen Seite, schön wie ein Manifest, hätte man wie von weit her, aus irgendeinem Exil, einer Einsamkeit heraus eine Stimme mit eindrucksvollem Klang vernommen. Doch kein Zuhörer hätte genau zu sagen vermocht, wovon sie eigentlich gesprochen. Erst viel später hätte man erfahren, daß sie vom Anfang handelte, von Worten und vom Schweigen.

Soweit also (was tut denn hier schon dieses *also*, wo es sich doch später, etwa in der Konklusion eines schönen

Syllogismus, viel besser gemacht hätte?), soweit also meine Vorstellung von den ersten Worten (na ja, nicht den allerersten: vor diesen hätte es schon ein paar andere gegeben, die der Titelzeile, des Vorworts – sofern es eins gibt –, der Epigraphen, Widmungen und so fort) dessen, was dereinst (wenn ich es eines Tages zustande bringe, und das wird, ich weiß es, kein leichtes Stück) mein erstes Werk sein sollte.

Nun werden Sie mir vermutlich sagen, daß es alle möglichen Arten von Werken gibt und Sie noch nicht recht sehen, zu welcher dieses hier gehört. Ein wenig Geduld! Wozu Ihnen gleich auf der Stelle alles sagen? Sollte das Ihre einzige Sorge sein: ein Strich mehr auf der (gewiß schon sehr langen) Liste der Werke, die Sie gelesen haben, und die sorgfältig nach Gattungen geordnet in Ihrer Bibliothek stehen, so wie in Don Juans Katalog die verführten Frauen nach Nationalitäten verzeichnet standen?

Wünschen Sie wirklich, daß ich Sie unverzüglich in eine mehr oder weniger alberne Geschichte versetze, daß ich Ihnen mehr oder weniger gut getroffene Figuren vorstelle, die in mehr oder weniger wahrscheinlichen Konflikten stehen? Das kommt noch früh genug, wenn es kommen muß. Denken Sie lieber an das reizende Kompliment, daß Mallarmé in weiser Voraussicht Gide zu dessen *Paludes* machte, als er ihm lobend bescheinigte, er hätte »im Offenlassen und beiläufigen Anrühren eine Form gefunden, die kommen mußte, aber die man nicht wiederaufgreifen wird« ... Genießen Sie also die – seltene – Atempause, die Ihnen der gegenwärtige Stand der Dinge läßt. Sie haben bereits mehrere Seiten dieses Erstlingswerks eines Unbekannten gelesen und fühlen sich dabei (so wage ich immerhin zu hoffen) noch vollkommen frisch. Das Sujet – wenn es eins gibt – ist noch keineswegs entjungfert, es ist noch kaum entblättert. Noch jedesmal hat Ihre Hand gezittert, wenn sie die Seite wendete. Kurz, Ihre Erwartung ist so lebhaft wie vor der ersten Zeile.

2

Und wenn ich Ihnen nun zum Beispiel ankündigte, daß es sich um einen Roman handelt, dessen Held Schriftsteller ist, ein außerordentlich fruchtbarer Schriftsteller, der indes unter einem Bann steht: er weiß, daß mit dem Ende eines seiner Bücher (welches von ihnen, weiß er natürlich nicht) auch sein Leben enden wird. Also hat er es sich auferlegt, keines seiner literarischen Vorhaben zu vollenden. Er stürzt sich ausschließlich in maßlos ehrgeizige Unternehmen, in der Hoffnung, sie dank Ermattung und Entmutigung nicht zustande zu bringen. Jedes aufgegebene Vorhaben erhöht seine Überlebenschancen: also vermehrt er ihre Zahl nach Kräften. Am liebsten aber ist ihm jenes, bei dem es darum geht, seine eigene Geschichte Tag für Tag zu erzählen; diese Geschichte nämlich, das weiß er gewiß, wird er nicht zu Lebzeiten beenden.

Aber es könnte genauso gut ein anderer Held sein, in einer anderen Situation: die Geschichte erzählte, wie ein Mensch ins Leben zurückkehrt, der sich in seiner Jugend, ohne ein Verbrechen begangen, ohne Verfolgung erlitten zu haben, selbst zu einer schweren Strafe verurteilt hat (zwanzig Jahre Einschließung und Schweigen); nachdem er seine Strafe gewissenhaft bis zum Ende verbüßt hat, wagt er endlich, jenes geheime Urteil anzufechten und forscht nun nach seinen verborgenen Entscheidungsgründen.

Oder gehören Sie zu denen, die keine Allegorien mögen, vor allem, wenn sie Ihnen zu durchsichtig vorkommen? Wenn dem so ist, dann will ich nichts gesagt haben, und wir wenden uns anderen Dingen zu. Was hielten Sie denn von einigen Szenarien ganz anderer, realistischer Art? Wie diesem hier.

– Denken wir uns eine vornehme, alte Familie (nobel im antiken Sinne) am Ende einer ruhmerfüllten, von einer Reihe tatkräftiger Ahnen geprägten Geschichte; heute lebt sie dem sehnsüchtigen Andenken an die entschwundene Zeit und hat all ihr Verlangen nach Rache und Trachten nach einer Wendung der Dinge auf den letzten Sproß des Geschlechts gelegt. Der aber verzagt vor all den Erwartungen, denen er nicht gerecht werden kann, erschrickt vor der Verantwortung, der er sich nicht gewachsen fühlt, und flüchtet sich in Untätigkeit.

– Oder diesem hier: es wäre die Geschichte eines Mannes, der in der Liebe zu Büchern aufgewachsen ist und über lange Jahre hinweg eine jener Krisen durchmacht, wie sie periodisch auftreten, um auf brutale Weise zu enthüllen, daß alles, was man felsenfest wähnte, bloß Illusion war: eine Krise, die ihn zunächst einmal alles in

Frage stellen läßt, Werte und Kultur, dann, auf dem Höhepunkt, alle Versuchungen der Schriftstellerei fliehen läßt und endlich einem Frieden weicht, der die Dinge wieder ins Lot bringt. Aber nichts ist mehr wie zuvor, und er muß alles neu beginnen. Hieraus könnte sich jetzt die Form eines Bekenntnisses entwickeln: die behutsame Suche nach dem, was ihn einst straucheln ließ, der Ursache seines Scheiterns.

Ich sehe jetzt schon Ihre Reaktion: Sie, Leser, verziehen das Gesicht, und Sie, Leserin, schauen auch nicht gerade heiter drein. Keine dieser Geschichten reißt Sie hin. Sie erblicken darin nur die ärgerliche Verbindung etlicher Klischees mit ein paar Gemeinplätzen und einer etwas knittrigen Moderne. Wozu denn, werden Sie sagen, noch eine imaginäre Bibliothek mehr auf der ohnehin zu langen Liste? Rechnen Sie jetzt nicht mit Widerspruch von meiner Seite. Mich durchzusetzen ist nicht meine Stärke, und stets erscheint mir die Ansicht meines Gesprächspartners als der meinen haushoch überlegen.

Wohl aber weiß ich, wie ich jeden dieser Gegenstände hätte behandeln können. Ich hätte mir ein Vergnügen daraus gemacht, Sie in den Überfluß, den Luxus, in die Flut und Fülle eines gewählten Vokabulars zu tauchen, ohne Furcht vor Übermaß noch Plethora, Geschwollenheit oder Redundanz. Ganze Schwärme von Wörtern hätte ich auf Sie niedergehen lassen (in Schaufeln, Karren, Wagenmassen) und dabei vornehmlich auf die Assonanzen geachtet. Dutzende von Spezialwörterbüchern hätte ich dazu durchstöbert: die der Naturgeschichte (ach! die Wörterbücher der Zoologie, der Botanik, der

Ornithologie, der Ichthyologie...), die der Medizin, der Architektur oder der Musik, der Gastronomie oder der Seefahrt. Besondere Mühe hätte ich darauf verwandt, köstliche Ausdrücke aus der Sprache der Jagd, der Heraldik oder der Falknerei auftauchen zu lassen, und natürlich auch die der Segelschiffahrt, in denen noch so viel poetischer Adel nachklingt. Doch Sie hätten rasch erkannt, daß diese Zurschaustellung nur dazu diente, etwas anderes zu verbergen: eine tiefsitzende Unruhe, die ungescheut einzugestehen mir letzten Endes als ehrlicher (und viel weniger langwierig) erschien. Weiß Gott, das wär geschafft...

3

Wohl stoße ich ein wenig spät zu der Kohorte derer, die das Buch zum Gegenstand ihrer Bücher, das Schreiben zum Thema ihrer Schriften machen. Aber was kann ich dafür? Ich bin nicht verantwortlich für die Epoche, in der ich zur Welt gekommen bin. Gewiß, mehr als eine Generation lang war dies Thema Dauerbrenner und gefundenes Fressen für eine Hundertschaft von Schreiberlingen; und hundertmal hat mir diese Art von Werken und die Kommentare, die sie begleiten, die Zähne stumpf gemacht, so daß ich mir endlich geschworen habe, mich nie auf diesen Tanz einzulassen. Augenblicklich aber reizt mich nichts so sehr wie eben dies. Allerdings habe ich vorher etliche Versuche unternommen, bei denen ich mir diverse Regeln auferlegt hatte.

Ich träumte von einem Buch, in welchem alles in seinem schlichtesten, naheliegendsten Sinn zu nehmen wäre. Sehnsüchtiges Verlangen nach einer Literatur im Stand der Wildheit, noch ganz geprägt von deren Unschuld, deren eingeborener Reinheit. Einer Literatur, die mir vollkommen jenes Gefühl des Einklangs mit der Welt zurückzugeben vermöchte, das mich in gewissen Augenblicken meiner Kindheit durchdrang (der stets sonnenbeschienene Weg, der mich des Samstagsmorgens in die Synagoge führte, oder die Abende an hohen Festtagen, wenn ich, zur Rechten meines Vaters stehend, die Gebete sang). Ein Buch, das von seiner ganzen Anlage her, in seiner Schlichtheit, nicht nach Schreibtisch röche; ein Buch, in dem keinerlei Spiegel vorkäme, nichts so glatt Geschliffenes, daß es das Bild der Dingwelt zurückwürfe; alles in allem ein Buch ohne falsche Tiefe und Spiegelfechtereien.

Um dies zu erreichen, wollte ich mich auf Bilder aus der Natur beschränken, auf Dinge der allerkonkretesten Art:

– der Schatten, der sich an einem Sommerabend auf die Gefilde eines Bergsees legt, während eben ein Nachen vom Ufer ablegt, in dem zwei junge Menschen sitzen;

– eine helle Nacht, in der das Licht des Mondes vom Neuschnee widerscheint, im Hintergrund der rote Schimmer einer Laterne auf einer alten Holzbrücke;

– ein blühender Lindenzweig und ein Strauß Klatschmohn in einer Kristallvase auf einem schweren Tisch aus Palisander. Aber unfehlbar lande ich nach wenigen Sätzen im immergleichen, wohlvertrauten Spinnennetz.

Jede Landschaft wandelt sich zum Seelenzustand, jedes Dekor wird zum Symbol.

Von allen Seiten wachsen ihnen wundersame Fortsetzungen zu, die sie mit allen möglichen Mythen zusammenschließen. Die Gegenstände und Orte, an denen ich Halt suche, scheinen zu zerfallen. Und bald schon finde ich mich am Saum des Bücheruniversums wieder: anstelle der konkreten Wirklichkeiten treten die erschaffenen Welten.

Auf diese Weise habe ich ohne sonderliche Mühe, zuweilen gar frohlockend, eine Vielzahl erster Seiten geschrieben: sollte sich eines Tages jemand dafür interessieren, so könnte er daraus eine Anthologie machen, die vielleicht gar nicht übel wäre. Vereinzelt gelang es mir auch, wenngleich unter Mühen, einige »erste Kapitel« zu vollenden. Doch glaube ich nicht, daß es lohnte, sie zusammenzustellen: zu bald bemerkte man ihre Ähnlichkeit. Stets träfe man in unterschiedlicher Verkleidung auf denselben unentschlossenen Helden, einen Hamlet der Bibliothek, seines Weges ungewiß, ringend mit immer demselben geneigten Leser: den schleppte er hinter sich her, um ihm seine Lieblingsorte zu zeigen (die staubigen Kulissen eines Theaters, in dem noch nie ein Stück gespielt wurde; der eisige Wartesaal eines Vorortbahnhofs an einem Gleis, das nie befahren wurde; auf einer unlängst aufgegebenen Werft das Gerippe einer Schaluppe, die nie in See stach; das neoklassische Peristyl eines Modellschlachthofs, in dem nie eines Tieres Blut vergossen wurde); fiele jählings, hinter einem ganz belanglosen Satz hervor, mit Bekenntnissen über Sprache und Kindheit, Bücher und Schweigen über ihn her;

erprobte an ihm endlich seine bemühten stilistischen Einfälle oder die Pointen eines säuerlichen Humors, denen Anwandlungen larmoyanter Pedanterie folgten.

Mit all dem ist es mir nie gelungen, ein erstes Buch zu Ende zu bringen, so als ob die Aussicht, Kapitel aneinanderzureihen, die nicht bloß Anfänge, Auftakte, Ankündigungen oder Vorspiegelungen wären, sondern vielmehr die Teile eines zusammenhängenden Ganzen bildeten, schon genügte, um mir jegliche Lust am Weitermachen zu rauben.

Aber vielleicht ist jetzt Ihnen, Leser, nach diesem Wechselbad der Möglichkeiten, nach den Umstandskrämereien, die Sie an der Schwelle dieses Werkes festhielten, endgültig die Lust vergangen, mehr davon zu hören. Wenn dem so ist, Pech gehabt. Soll heißen, Pech für mich: wenn es mir mit den paar Seiten schon gelungen ist, Sie davon abzubringen, mich zu lesen, wo ich doch noch so gut wie nichts von dem gesagt habe, was ich sagen wollte, dann heißt das, daß ich in Wahrheit nicht bin, wofür ich mich hielt. Zwar stimmt es, daß ich immer nur unzusammenhängende Fragmente geschrieben habe, doch hielt ich mich stets für einen Literaten. Gewiß eine seltsame Situation. Meinen Sie nicht, daß sie endlich den Stoff zu einem echten ersten Kapitel abgeben könnte, welches befriedigender wäre als diejenigen, die Ihnen bisher unverschämterweise zugemutet wurden?

Zettelwesen

Laß dich warnen, denn des vielen Büchermachens ist kein Ende, und viel Studieren macht den Leib müde. Der Prediger Salomo

Der Leser, der abgeschlossene Romane sucht, verdient es nicht, mein Leser zu sein: bevor er mich noch gelesen hat, ist er selbst bereits abgeschlossen. Miguel de Unamuno

Das Werk ist die Totenmaske der Konzeption. Walter Benjamin

Die Werke sterben; die Fragmente hingegen haben nicht gelebt und können also auch nicht sterben. Émile Michel Cioran

Die Dummen sind diejenigen, die sagen: über mich lacht niemand. Miguel de Unamuno

Chateaumoulin, Andé, Mormoiron, Eygalières, Vert, Port-Cros, Dampierre, ich könnte noch weitere Namen nennen. Doch wozu? Die Liste muß ja nicht unbedingt komplett sein. Es sind die Namen von Orten, an die ich mich seit mittlerweile zwanzig Jahren für einen Teil des Sommers zurückgezogen habe: große oder kleine, karg oder komfortabel eingerichtete Landhäuser, denen in meiner Erinnerung heute etwas Vertrautes anhaftet.

Kaum ist das Schuljahr zuende, setzt eine Art inneres Ritual ein. Nachdem ich Bücher, Mappen und Aufzeichnungen eingepackt habe, verlasse ich Paris und fasse feierlich den Entschluß, meine gesamte Zeit dem Schreiben zu widmen: lange, glutheiße Tage von Eygalières oder Chateaumoulin, mildere Nachmittage im kleinen blauen Salon des Hauses von Feucherolles, nahe Dampierre. Die Einsamkeit bedrückt mich jetzt nicht mehr.

Zwei, drei oder vier Wochen lang setze ich mich Tag für Tag vor dieselbe Landschaft: die trockenen Wände der kleinen Alpen, die noch dunstverhangenen Wälder des Chevreusetals, die nackten Hänge des Ventoux oder der einsame Baum im Garten von Vert, dessen dürrer Stamm kaum mehr sichtbar ist unter dem dichten Geschlinge von Efeu, das alles überwuchert. Ich, der ich lange Zeit kein Auge für die Natur hatte, übe mich allmählich in sorgfältigster Betrachtung. Ich lerne die Unterschiede zwischen den Grau- und Ockertönen der Felsen und in der Vielfalt des Grünen zu bemerken. Ich vermag den Weg der Schatten und des Lichts im Lauf des Tages zu verfolgen, ja vorherzusehen: hier wird die Sonne zwischen zwei ausgetrockneten Ufern ein langes Wasserband aufblinken lassen, dort eine einfache Reihe Pappeln, weiter in der Ferne einige alte, durch Gärten und Hecken aus Geißblatt, Jasmin oder Clematis getrennte Häuser. Jede andere Ablenkung habe ich mir verboten: weder Zigaretten noch Alkohol, weder Zeitungen noch Musik haben Zutritt zu dieser karg eingerichteten Stube. Keine Zierleisten an der Decke, an den Wänden keine Tapete, nicht einmal ein Riß, an dem entlang der Blick wandern könnte. Während indes die Landschaft vor meinen Augen sich unablässig wandelt, bleibt das weiße Papier vor mir gewissermaßen unverändert.

I

Und doch bestand meine erste Handlung gleich am ersten Tag darin, meine früheren Aufzeichnungen auszupacken, jene Seiten, die ich regelmäßig zu Beginn des Sommers wieder lese, so daß sie für mich unauflöslich mit der Hitze, dem Geschmack der Pfirsiche und dem Duft der Melonen verbunden sind. Es sind Blätter verschiedenen Farbtons, Alters und Formats. Einige – die größten – kommen von sehr weit her. An diesen alten, verwitterten Gefährten hängt mein Herz am meisten: sie sind bedeckt mit Streichungen, Korrekturen, Zusätzen, manchmal auch Daten. Die anderen, die von weniger

Nostalgie und Besserungswille zeugen, sehen nüchterner aus: kleine Rechtecke aus Papier – ein Viertel eines normalen Blattes –, bedeckt mit einer schwer lesbaren, wütenden Kritzelschrift, verstaut in graugestreiften Bristolpäckchen, die ausgeleierte Gummibänder zusammenhalten.

Ich ordnete sie alle in kleinen Stapeln auf meinem Schreibtisch an; da aber kein Schreibtisch jemals groß genug ist, um sie alle aufzunehmen, mußte ich noch einen Bridgetisch anbauen. Und hochbefriedigt – denn auf diesen Augenblick wartete ich seit Monaten – ging ich daran, sie systematisch durchzusehen, sorgsam darauf bedacht, die Ordnung zu wahren, in der sie sich befanden.

Ich las also all diese alten Zeilen wieder, diese kurzen, allzu früh gebrochenen Wellen. Lange Zeit forschte ich in ihnen, überzeugt, daß sie in ihrem scheinbaren Durcheinander den Schlüssel enthielten zu dem Rätsel, das sie mir aufgaben.

Aber nichts kam. Keine Erleuchtung. Im Gegenteil. Es war, als hätte eine Erosion stattgefunden; ich fand in diesen Texten nur noch ein Bruchteil dessen, was ich ehedem hineingelegt zu haben meinte. Durch welche Prismen war ihr Licht gegangen, bis sie derart bedeutungslos geworden waren? Wo war das Gewicht, wo waren Fülle und Würze der Worte geblieben?

Indem ich sie aufschrieb, hatte ich jene Erinnerungen, jene Gedanken, ja Landschaften, die mir eines Tages erinnerungwürdig erschienen, just um die paar Details gebracht, denen sie in Wirklichkeit ihren Zauber verdankten. Ich hegte, als ich sie so vereinfachte und aufs

Wesentliche reduzierte, die Illusion, ich verschaffte mir damit einen fügsamen, meinem Willen allein botmäßigen Stoff, dem ich stets, je nach Bedarf und Laune, seine Fülle wiedergeben könnte. Doch als es soweit war, merkte ich, daß es nicht ging: ich bin diesen Texten gegenüber nicht frei.

Das liegt daran, daß sie das Ergebnis eines langen Gerinnungsprozesses sind. Die Elemente, die darin eingegangen sind, entstammen den vielfältigen Linien, die sich verwoben haben, um meine Geschichte zu bilden, und hinter allen Verschiebungen und Widersprüchen zeichnen sich die Konturen der verschiedenen Figuren ab, die in mir alt geworden sind.

Wie üblich habe ich mir als erstes vorgenommen, diese Fragmente in eine neue Ordnung zu bringen, denn ich habe den Wunsch nicht aufgegeben, doch noch zu einem sinnvollen Ganzen zu gelangen. Aber nur zu bald erscheinen mir die Kriterien, mit deren Hilfe ich Gruppen zu bilden suche, als willkürlich oder schlichtweg absurd. Die Chronologie? Zwingt mich, Themen zu mischen, die nichts miteinander zu tun haben. Gliederung also nach Themen? Die berücksichtigt nicht die Erfordernisse der jeweiligen Gattung, auf die jedes Fragment zielt. Und die alphabetische Ordnung führt zu Begegnungen, die nun doch zu albern sind.

So bringe ich es nur zu instabilen Verbindungen, die jeden Augenblick wieder zerfallen können. Und wie jene Aphasiker, denen es nicht gelingt, bunte Wollflocken richtig zu sortieren, fange ich immer wieder von vorn an: ich packe die Kärtchen von einem Stapel auf den anderen, löse manche Stapel auf, um andere zu schaffen, die mich ebensowenig befriedigen wie die vorherigen. Es ist ein Geduldspiel ohne Ende, eine Art Patience, deren Regeln ich selbst nicht durchschaue. Denn wie soll man sich in dieser Welt bewegen, die von Diskontinuität, Zusammenhanglosigkeit, Unvollkommenheit und Stückwerk beherrscht wird? Soll ich mich etwa dazu zwingen, bloß noch dem Unbedeutenden nachzustellen, angeblich, weil nur hier noch Bedeutung auszumachen sei? Das absurde Mißverhältnis von Aufwand und Ertrag liegt doch auf der Hand.

Ich habe also mein Ordnungswerk auf später verschoben und mich, um Zeit zu sparen, lieber gleich in die eigentliche Schreibphase begeben. Jetzt zeigt sich, wie geizig meine Sprache ist: die Worte kommen mir nur äußerst spärlich, meine Kehle müht sich, sie hervorzubringen. Hin und wieder stellen sich wohl einige ein; ich spüre sie auf meiner Zunge; sie tun, als wären sie die einzig richtigen; doch sie sterben, bevor sie zu Papier gebracht sind, oder weigern sich, ans Licht zu kommen, bleiben mir im Schlunde stecken wie eine Fischgräte.

Auf einmal löst sich meine Hand. Ich beginne eine Seite, eine jener Seiten, deren Format ich so klein wie möglich wähle, um nicht vom vielen Weiß des Papiers geblendet zu werden. Ich weiß, daß meine Feder sich keinen Millimeter weit vom Papier entfernen darf. Sie muß eins mit ihm werden. Der geringste Abstand kann fatal sein. Nur nichts verlorengehen lassen…

Einige Zeilen, bisweilen auch nur ein paar Worte genügen, um mein Schreibverlangen zu stillen, die Lust am Weitermachen versiegen zu lassen. Die Berührung von Papier und Feder wirkt jetzt wie ein umgekehrter

Zauberstab: sie verscheucht die Illusion, entläßt den Geist zurück in seine Leere.

Eine lange Viertelstunde des Lesens und Wiederlesens des (der) hastig notierten S(ä)tze(s), der Prüfung des Rhythmus durch genaustes Skandieren (bloß keinen Alexandriner durchlassen!) gibt mir die Gewißheit, daß jede weitere Anstrengung schlicht überflüssig ist: in diesen Zeilen ist alles gesagt, und ob sie nun gut sind oder schlecht, sie vertragen keine Fortsetzung. Und einen Augenblick lang fühle ich mich wie von einer Schuld befreit.

Doch bereits im nächsten Augenblick falle ich in die Überzeugung zurück, daß ich mit diesem neuen Schritt auf dem Weg des Schreibens, so winzig er auch sein mag, mir neue Pflichten, neue Schuldigkeiten geschaffen habe, die eines Tages weit ernsthaftere Anstrengungen erfordern werden. Eine Überzeugung, die dazu angetan ist, den Mechanismus des schlechten Gewissens und der Lähmung aufs schönste wieder in Gang zu bringen.

Im selben Maß also, wie der Sommer voranschreitet, sinken meine Ansprüche. Ich entsage dem erträumten Buch. Keine literarische Jury wird in diesem Herbst das Vergnügen haben, *Die alten Geländer* oder *Falsche Fenster* preiszukrönen. Kein Verleger wird sich selbst dafür ohrfeigen, *Der längste Weg zur Schule* nicht in seine anspruchsvollste Reihe aufgenommen oder *Die Kastanien aus dem Feuer* mit mehr als hunderttausend Stück aufgelegt zu haben. Kein Zeitungskritiker wird sich rühmen können, das Geheimnis meiner *Kryptogramme* gelüftet oder seinen Lesern *Eine Birne gegen den Durst* ans Herz gelegt zu haben. Die Buchhandlungen werden, wenn sie die Schaufenster für Weihnachten herrichten, keinen *Freibrief* haben; und die Leser werden nicht massenhaft nach *Manna* verlangen. Deswegen rede ich mir nicht ein, sie seien alle zu unreif; darauf falle ich nicht mehr herein.

Ich bin jetzt bereit, mich mit ein paar Seiten, notfalls einer einzigen, zufriedenzugeben, wenn sie mich nur zufriedenstellt. Sofern sie mir nur, und sei es bloß für kurze Zeit, den – im Hintergrund stets lauernden – Gedanken nimmt, daß ich einmal mehr dabei bin, meine Zeit zu vertun. In blödsinniger Weise zu vertun. In aufgeblasener.

Denn an keinem dieser Orte ist es mir gelungen, die Werke, die ich geplant hatte, zu verfassen.

2

Kaum stehe ich unter dem Druck, eine dringende Arbeit, die nicht das geringste mit meinem literarischen Bemühen zu tun hat, zuende zu bringen, da ändert sich dem Anschein nach alles. In der Regel beginnt es gegen Mitternacht, während ich eben dabei bin, einen Artikel zu beenden. Mitten in einem Abschnitt, während ich mich noch im Glauben wiege, mein Geist sei ganz und gar bei der Sache und bei sonst nichts, während mir die gelehrten Anmerkungen gleichsam natürlich aus der Feder fließen und ich freudig dem baldigen Abschluß meines Textes entgegensehe (denn ich bin einige Wochen in Verzug, und man hat mich schon ein wenig unsanft gemahnt), tritt ein jäher Bruch ein. Ein Hiatus, und danach Leere. Eine Leere indes, die nicht länger dauert als ein Blitz, gerade so lang, daß ich sie bemerke. Und alsbald öffnen sich die Schleusen: Sätze stellen sich ein, nicht nebelhaft-verschwommen, sondern klar und scharf, druckreif allesamt. Das Erstaunlichste ist, daß sie nicht wieder verfliegen, nicht zu Staub zerfallen, sobald ich sie festhalten will; ich schreibe sie hin, und alles steht ganz richtig da. Ein großer Teil dessen, was ich geschrieben habe, ist so entstanden.

Aufgrund des Rhythmus, mit dem diese Erleuchtungen eintreten, wird es freilich lange dauern, bis ich den Stoff zu einem einzigen Buch beisammenhabe. Denn mein inspirierter Doppelgänger – jenes sätzeschmiedende Gespenst, das boshaft meine Arbeit unterbricht, um seine Funde zu diktieren – stellt sich nur zu jenen (seltenen) Stunden ein, die er selbst wählt, schafft (bestenfalls) drei kleine Seiten und verschwindet wieder. Wie soll ich ihm alles, was er noch in petto hat, auf einmal aus der Nase ziehen? Soll ich mir selbst nachstellen und jenem Augenblick der Verdoppelung auflauern?

Ich, der ich mich für den Mann planvoll angelegter Großunternehmen hielt, mißtraue diesen stoßweise und an einem Stück geschriebenen Fragmenten. Sie machen mich um so verlegener, als ich in jenen intensiven Augenblicken die Wendungen von verblichener Eleganz, die altertümelnden Schnörkel, die mir unterlaufen, nicht ausreichend unter Kontrolle habe.

Am Ende bin ich darauf gekommen, daß diese Mitternachtsseiten nichts weiter sind als Sicherheitsventile. Kurz bevor es zur Stauung kommt – denn das Denken erschöpft sich, wenn es gleichzeitig zu vielen verschiedenen Wegen folgt – treibt der Überdruck von selbst die Wörter hervor, die ihm für eine Weile Luft verschaffen. Nach einigen Wochen indes werden diese Seiten gleichsam zu welkem Laub, dem aller Saft entzogen ist. Zurück bleibt ein dürres Blättchen.

Von vornherein sind also diese Fragmente dem Untergang geweiht. Nichts verhilft ihnen je zu einer Stelle in dem komplexen Ganzen, dem sie zugedacht sind und das wohl nie existieren wird. Nicht einmal auf dem Papier.

3

Und doch will mir manchmal scheinen, daß ich dem Ziel ganz nahe bin. Werke, die ich wohl zwanzigmal in Angriff genommen habe, gewinnen plötzlich Gestalt. Die bittere Lust, die mich gewöhnlich vorm sicheren Scheitern überkommt, vergeht. Ich irre nicht länger im Labyrinth meiner Entwürfe. Von einem Blatt zum anderen brauche ich nur ein paar Worte auszuwechseln, um die Verbindung hervortreten zu lassen. Richtungen, die gegenläufig zu sein schienen, sind es nicht mehr.

So daß es mir – nach fiebrigen nächtlichen Euphorien (die bis zum Morgengrauen gehen können wie in jener Julinacht in Spéracèdes, wo das gedämpfte Geräusch einer im Speicher gefangen kreisenden Fledermaus fünf Stunden intensiver Arbeit hartnäckig begleitet hatte) und kalter Betriebsamkeit bei Tage – endlich dank einiger Reihenschaltungen gelingt, etwas mehr als einen Embryo von Plan zustande zu bringen: etwas, das einem Text zu ähneln beginnt. Bloß was für einem? Ich habe so viele Projekte, und jedes gehorcht seiner eigenen Notwendigkeit...

Sehr bald habe ich es aufgegeben, Novellen zu verfertigen. Meine kleinen Textstückchen hätten sich freilich gut dafür geeignet. Träger eines Bildes, eines Duftes, einer Empfindung, sind sie weniger Episoden zum Einbau in eine lange Geschichte als flüchtige Splitter der Ewigkeit. Doch diesen der Langeweile abgetrotzten Gnadenmomenten gilt nicht wirklich mein Streben. Lieber möchte ich jene Fernen ins Bild rücken, vor denen sich diese vagabundierenden Erinnerungsreste abheben.

In anderen Augenblicken, wenn rein gar nichts kommt, erahne ich Lösungen, die darin bestehen, daß ich all meinem alten Material den Rücken kehre. Richtig, den ganzen Krempel hinschmeißen und von vorn anfangen. Eines Tages hätte ich, vom Drang nach Neuland erfaßt, fast alles verbrannt; da die Zeichen der Zeit nun einmal auf »Rückkehr zu« standen und man emsig die Porträts irgendwelcher Gründerväter aufpolierte, hätte ich gern den Weg zurück zu den gesunden Freuden der ehrwürdigsten aller literarischen Produktionen eingeschlagen, zur Spruchdichtung. Ich hätte nach Herzenslust (mindestens ein Halbdutzend pro Seite) erhabene, exotische Weise – keltische Barden, gelehrte Kabbalisten, vorislamische Dichter, Wüstenväter, irische Mönche, vergessene Meister des Buddhismus oder Shintoismus – erschaffen, deren einziger Seinszweck darin bestanden hätte, in dem Augenblick zwischen ihrem

Auftauchen und Hinschwinden irgendeine dunkle oder verstörende Sentenz von sich zu geben, welche der Leser schnurstracks und ohne den Schatten einer Gebrauchsanweisung serviert bekäme. Und auch mir – in meinem berechtigten Stolz ob der solcherart gesenkten Schwellen – wäre nun mein Haus bereitet: irgendwo zwischen Hiobs Faß und Diogenes' Misthaufen.

Kurze Pause Nr. 1

Der Leser, dem mit Verlaub für seine Geduld gedankt sei, möchte an dieser Stelle wohl mit Fug und Recht den Autor mahnen, sich zu erklären.

– Sie schienen uns, möchte er vielleicht sagen, anfänglich zu einem heiteren Stückchen aufgelegt, an dem auch wir unser Vergnügen gehabt hätten. Statt dessen führen Sie uns nun allmählich in ganz andere Richtung. Unglücklicher Anfänger! Bestätigen Sie doch nur den Verdacht, der auf Ihresgleichen lastet: keine dreißig Seiten vermochten Sie zu schreiben, ohne sich aufs Bekennen zu verlegen. Und jetzt werden Sie sich natürlich schamlos darin wälzen!

Worauf der Autor gewiß antworten wird, daß wer so denkt, ihn allerdings schlecht kennt.

– Nicht so schlecht, wie Sie denken. Sicherlich ist dies nicht die feierliche Enthüllung der geheimen Tagebücher noch das alptraumhafte Aufplatzen eines harten Panzers. Wir wissen wohl, daß er uns nicht mit der Form seines Schädels, seinem Tun und Lassen, seinem Liebeskummer behelligen wird. Ansonsten aber…

– Leser, Leser, nicht so rasch Triumph geschrien. Gewiß steht das Unternehmen unseres Autors noch recht unsicher, kaum fester auf seinem Grund als die Stücke einer geborstenen antiken Säule. Allein die Frage, die er gestellt hat, ist nicht einfach. Ihn dünkte, es gäbe darauf keine Antwort, er kehrte denn zunächst zu sich selbst zurück.

– Ja bitteschön, die Nabelschau! Die Nabelschau, sage ich!

– Ja, aber die Wege, die er gefunden hat, sind unterschiedlich, und er kann nicht anders als sie nacheinander gehen.

– Was soll das heißen? Wie weit denkt er denn zu gehen?

– So weit er eben kommt. Doch in jeder neuen Phase der Entdeckung seiner selbst wird er neue Stücke seiner Vergangenheit unterbringen müssen.

– Was denn, werden wir uns also noch lange im Kreis drehen?

– Wohl möglich. Doch immer, wenn man denkt, der Autor drehe sich im Kreis, beschreibt er in Wirklichkeit eine Spirale. Denn es gehört zu seinen hervorstechenden Zügen, daß er sich niemals für befriedigt hält, nie einhalten, nie eine Haltung einnehmen und für endgültig ausgeben kann. Was das wechselhafte Ergebnis seiner Nachforschungen angeht, so steht es Euch frei, Leser, darin nur Ausgeburten des Zufalls zu sehen, nachträgliche Rationalisierungen, fern dem ursprünglichen Chaos der Dinge.

Vom richtigen Gebrauch

Bedenkt, daß törichte Menschen Tausende von Büchern geschrieben haben, und daß viele Leute, die im Alter, doch nicht im Wissen fortgeschritten sind, ihre Zeit damit vertan haben, diese Bücher zu studieren. Maimonides

Der Dichter… muß im Stande seyn über alles auf eine unterhaltende und bedeutende Weise zu sprechen und das Sprechen oder schreiben muß ihn selbst zum Schreiben und Sprechen begeistern. Novalis

*Es gibt Leute, die ihre Bücher in ihre Bibliothek stecken, aber Herr von*** steckt seine Bibliothek in seine Bücher.* Nicolas Chamfort

Die meisten Bücher von heute scheinen in einem Tag aus der Lektüre von gestern entstanden zu sein. Nicolas Chamfort

Glauben Sie indes nicht, Leser, daß die Bücher, die ich nicht geschrieben habe, darum null und nichtig wären. Ganz im Gegenteil (damit das einmal ganz klar gesagt sei), sie sind gewissermaßen Teil der Weltliteratur im Schwebezustand. Sie stehen in den Bibliotheken in Form einzelner Wörter, Gruppen von Wörtern, zuweilen auch ganzen Sätzen. Doch um sie herum ist so viel unnützer Füllstoff, strotzt es derart von Gedrucktem, daß es mir selbst trotz aller Anstrengungen noch nicht gelungen ist, sie herauszulösen und zu versammeln. Die Welt scheint mir erfüllt von Plagiatoren, und das macht aus meiner Arbeit eine lange Hatz, das hartnäckige Stöbern nach all jenen winzigen Stückchen, die auf unerklärliche Weise meinen künftigen Büchern entwendet wurden.

I

Vielleicht gehören Sie zu jenen, die wie ich keine Buchhandlung mehr ohne Herzklopfen betreten können – aber auch nicht verlassen ohne ein gewisses Unbehagen und einen Anflug von Ekel: so viele Bücher. Und doch bestanden jahrelang die entscheidenden Ereignisse meines Lebens in den Dingen, die ich las.

Es stimmt, ich habe, um eventuell schreiben oder einfach bloß denken zu können, ein unüberwindliches Bedürfnis nach Lektüre. Auch stimmt es, daß meine Lektüren mich fast immer beeinflussen: kaum habe ich ein Buch in seinen Grundzügen erkannt, da schlüpfe ich auch schon hinein, und alsbald bewege ich mich wie auf erobertem Terrain. Und endlich stimmt, daß sich das meiste von dem, was ich an Originellem (zumindest in meinen Augen Originellem) zu sagen hätte, just jener Fähigkeit verdankt, vielfältigen und a priori widersprüchlichen Einflüssen zu unterliegen.

Dabei hatte alles ganz schlecht begonnen. Was ich hochtrabend als »Forschungen« bezeichnete, war das Streben nach einem gewaltigen, in sich unbestimmten Wissen, das jenes bescheidene Gepäck, welches mir meine Studien an die Hand gegeben hatten, ergänzen sollte. In Wahrheit war es bloß Vagabundentum. Welche neuen Gebote ich mir auch immer erfinden mochte, stets trieb mich weniger die Lust am Wissen als die Furcht vorm Unwissen, und es kam nichts dabei heraus als ein ängstliches Springen von einem Gegenstand zum anderen. Keiner wurde ausgelassen. Stoße ich heute etwa beim Aufräumen unvermutet auf manche der Zettel, auf denen ich die Titel und Daten meiner damaligen Lektüren aufgezeichnet habe, so starre ich sie lange verdutzt und ungläubig an: welch eine absurde Gefräßigkeit hat mich nur getrieben, so viele Bücher zu verschlingen, von denen mir heute keine Erinnerung geblieben ist, nicht einmal die, sie früher einmal in der Hand gehabt zu haben?

Eines Tages glaubte ich, ein Mittel gefunden zu haben, um Ordnung in dies wirre Treiben zu bringen. Ich brauchte mich nur immer wacker mit meinen Lieblingsautoren zu identifizieren und Schritt für Schritt den Weg nachzugehen, den sie gegangen waren, anders gesagt, ich brauchte nur meine Lektüren auf die ihren (wie sie sich mir aus ihren Briefen, Memoiren, Tagebüchern ergaben) durchzupausen. Also machte ich mich ans Aufstellen von Listen, eine Aufgabe, der ich mich mit fiebrigem Eifer hingab. Dergestalt mit Hinweisen bewaffnet, ging ich auf die Jagd. Paris wimmelte damals von Händlern alter Bücher: denen auf den Quais natürlich (die mir den glücklichen Fund eines Exemplars – mit der in der ehrfurchtsstarren Schrift des Anfängers abgefaßten Widmung an eine Person namens Édouard Caen – der allerersten Auflage von *Mannesalter* bescherten) oder denen im Quartier Latin, aber auch den – mir bis dahin unbekannten – obskuren Läden von Montparnasse oder den Schuppen von Clignancourt und von Bicêtre.

Ich blieb an den alten Übersetzungen ausländischer Klassiker hängen: schäbige Vorkriegsbände, oft schlecht gebunden, erschienen in vergessenen Reihen, längst eingegangenen Verlagen, manchmal mit Vorworten aus berühmter Feder. Man mußte sie kaufen, ohne das Vergnügen gehabt zu haben, in ihnen zu blättern, denn stets waren sie in ein Korsett von transparentem Papier geschlagen, das ihre Ermüdung oder Zerrüttung verbergen sollte. Der Stapel in meinen Armen wuchs, wurde lästig. Erschöpft und glücklich kehrte ich heim. Sorgsam verteilte ich meine Neuerwerbungen auf dem Teppich und sprengte nun, bäuchlings zwischen ihnen liegend, im Handstreich das indiskrete Zellophan. Buch für

Buch tat sich endlich auf, gab sich hin. Manche boten nicht einmal mehr jenes (ach so köstliche) Hindernis der unaufgeschnittenen Seiten. Blieb das Entscheidende zu vollbringen, das Eintauchen in die Lektüre. Zuweilen dauerte sie Wochen an; meist aber war ich, bevor sich noch mein Vorrat neigte, schon wieder auf die Jagd gegangen.

Das Ringen mit den Texten verfolgte mich manchmal bis in den Schlaf hinein und ließ Bilder aufsteigen, die ich am nächsten Morgen kaum abzuschütteln vermochte. So geschah es mir zu einer Zeit, da ich mich ausschließlich mit den Liebschaften Frédéric Moreaus beschäftigte, daß ich mich im Traum an mehreren aufeinanderfolgenden Abenden (was mir seither kaum noch widerfahren ist) Madame Arnoux näherte, unter den vollkommenen Zügen von France B. Mit ihr durchlebte ich zwei großartige Augenblicke: die erste Begegnung, die ich von der dicke Rauchwirbel ausstoßenden *Ville-de-Montereau* fort und in eine stille, menschenleere Allee des Jardin du Luxembourg (ganz nah beim Lycée Montaigne) verlegte, unter die blinden Augen einer Königin von Frankreich; und das letzte Zusammentreffen, bei dem sie mir nicht eine Locke von ihrem Haar, sondern einen kleinen goldenen Schlüssel anvertraute, der, wie sie sagte, bevor sie meinen Armen entfloh, mich unsichtbar machen sollte.

Natürlich liebte ich diese heimliche Zulage zu meinem Tagleben. Dies um so mehr, als die Spuren, welche meine wissenschaftlichen Lektüren – die andere Seite meiner Tätigkeit – in mir zurückließen, betrüblich prosaisch waren. Weniger den verschlungenen Wegen meines Gefühlslebens verbunden, waren ihre Symbole entschieden grobschlächtiger: schwach entwickelte Gebilde meiner Erschöpfung oder meiner Angst am Ende eines Arbeitstages. In einem dieser Träume (den ich hier in seiner vollständigen Form wiedergebe, wenngleich gewisse seiner Teile auch in anderen Traumsträngen wiederkehrten) war ich von einem Sturm umtost und eingekreist von Wölfen, welche die Stämme verkohlter Bäume, auf die zu fliehen ich versuchte, verschlangen. Plötzlich verschwanden die Wölfe und ich fand mich wieder inmitten eines Ruinenfeldes, vor dem ich eine lange Ansprache hielt. Halb verdeckt von einer Säule richtete ein übel zurechtgemachter Kerl (verschrumpelt, mickrig in seiner römischen Beamtentoga) ein Gewehr mit Zielfernrohr auf mich, und ich vernahm – wie ein unverständliches, fernes Gemurmel – die Seufzer einer Menge hinter einem Stacheldrahtverhau.

All diese Mühen blieben freilich nicht ergebnislos. Nach einigen Jahren hatte ich mir die Brocken einer Bildung zugelegt, wie sie vor einem halben Jahrhundert bei Leuten meines Alters üblich war. Eine großartige Heldentat! Selbst die Aufzeichnungen, zu denen ich mich anhielt, um dem, was anfangs nur Hingerissenheit vom Zufallsfund gewesen war, den Anschein ernsthafter Arbeit zu geben, wurden mir schon nach einigen Monaten fremd.

2

Es dauerte seine Zeit, bis ich Abhilfe fand. Je mehr sich mein Gepäck erweiterte, um so mehr fühlte ich mich natürlich befähigt, den Büchern gezielte Fragen zu stellen. Nach und nach wurde das zu einer Art Spiel im Schlaraffenland, bei dem jeder Zug nur die Position des Spielers verbessern kann. Ich lernte, in dem allzu wohlgeordneten Netz der Zeilen eines jeden Buches zu fischen, und die Weise, in der ich das tat, ähnelte jenen Orakeln, die man in Rom mit einem Exemplar von Vergil betrieb. Ich wendete keine Seite, beendete kein Kapitel, keinen Band, bevor ich nicht alle Elemente festgehalten hatte, die mir im Einklang mit meinen Vorhaben zu stehen schienen (manchmal genügte es, ein *er* durch ein *ich* zu ersetzen, um beeindruckende Ergebnisse zu erzielen), und diese Jagd auf Ähnlichkeiten verlieh endlich meinen Projekten umrißhafte Gestalt.

So verringerte ich stückweise den Abstand, der mich noch von der Literatur trennte. In meinen Augen hatte bis dahin zwischen dem Hochadel der literarischen Kunst (der bisweilen Züge hieratischer Majestät annahm) und der bestürzenden Leichtigkeit all dessen, was ich wohl zu sagen hätte, eine derartige Kluft gelegen, daß das Schreiben mir nur als ein unsinniges Unterfangen erscheinen konnte; diese Kluft zu überwinden hätte bedeutet, mich tollkühn selbst zur kleinen Schar derer zu gesellen, von denen ein aufmerksames

in Büchern nach dem Buch suchen

Publikum in manchmal fieberhafter Spannung so etwas wie eine Offenbarung erwartete. Jetzt hingegen erschien mir die Lust am Schreiben allmählich wie eine andere Seite der Lust am Lesen, ja, zwischen diesen nun verschwisterten Tätigkeiten fand ein subtiler Aufgabentausch statt.

Jedenfalls stellte sich eine neue Vision des Schreibens (und eine neue Arbeitsmethode) ein: es ging nur mehr darum, die Wörter in immer umfangreicheren Gruppen dazu zu zwingen, sich meinen Träumereien einzufügen, sich meinen Konstruktionen anzubequemen. Von nun an brauchte ich nur noch zu schöpfen.

Meine ergiebigsten Schürfstellen suchte ich natürlich auf seiten der sogenannten persönlichen Literatur. Doch das Vergnügen, das ich beim Lesen der Tagebücher, Memoiren oder Briefwechsel großer Schriftsteller empfand, war nicht von Dauer. Anfangs sah ich mich bestätigt, als ich bei all denen, die ein Werk zu hinterlassen vermocht hatten, auf Spuren von Zweifel, Unzufriedenheit, auf Augenblicke echter Verzweiflung stieß, welche sie mir zu Brüdern machten. Dann aber schwand dieses Gefühl wieder. »Wenn selbst diese«, sagte ich mir, »so viel gelitten haben, was erwartet erst dich?« Mit meinen großen Vorbildern hatte ich letztlich nur zwei Dinge gemein: die Zweifel vor dem Schreibakt und die Unsicherheit danach. Alles dazwischen blieb unerreichbar fern.

Soll ich bei der Gelegenheit noch des Gefühls von Frustration, das manche Bücher in mir hervorriefen, Erwähnung tun? Nicht etwa, weil sie mich enttäuschten, ganz im Gegenteil. Sondern weil ich sie in dem Gefühl las, wieder einmal eine Gelegenheit verpaßt zu haben.

Dies Buch, das ich eben zuschlug, hätte eigentlich ich schreiben müssen: fand ich darin doch die meisten meiner Lieblingsthemen, einzelne Figuren, die ich selbst entworfen hatte, ja sogar einige der Geschraubt- und Gewundenheiten, die ich für *meinen* Stil hielt. So fühlte ich mich um zwei Dinge gleichzeitig gebracht: um dieses wirkliche Buch, das von mir hätte sein können, das aber ein anderer geschrieben hatte, und um das hypothetische Buch, das ich geschrieben hätte – und das freilich ein wenig anders geworden wäre (ein Unterschied, dessen Fehlen mir schmerzlich bewußt war) –, hätte nicht der andere dies Unterfangen überflüssig gemacht.

Amiel gehörte zu denen, die mich vollständig lahmlegten. Er hatte alles gesagt. Ich hätte ein Buch schreiben können, das bis in sämtliche Einzelheiten hinein ganz unbestreitbar meines gewesen wäre (ja sogar dieses hier, denn letzten Endes hat auch Amiel keines seiner Bücher geschrieben), indem ich bloß einige Stücke des *Journal* kombiniert hätte. Ich habe es nicht getan. Mehr noch, ich habe das *Journal* in einen finsteren Winkel meiner Bibliothek verbannt, hinter eine dicke Reihe philologischer Werke. Aus elementarer Vorsicht oder vielmehr aus einem Reflex legitimen Selbstschutzes. Denn ich brauche nur einen dieser Unglücksbände aufzuschlagen, und mir ist, als sei es um mich geschehen: ich versinke in Treibsand. Ich blättere aufs Geratewohl, lese hier zehn Zeilen, dort zwanzig, und schon verliere ich den Halt. Ich versuche mich zu wehren, dann erlahmt mein Widerstand. Nach und nach ergebe ich mich einer Art verstörter Faszination, einer resignierten Schlaffheit, die ganze Abende hindurch anhalten kann: einzig *Madame Bo-*

vary hat eine ähnliche Wirkung auf mich. Und nur unter Schmerzen trete ich aus diesem Zustand heraus, matt und mürbe wie ein Neugeborenes, mehr denn je überzeugt von der absoluten Nutzlosigkeit meines Strebens.

3

Ich sah nur zu gut, wohin all das bestenfalls führen mochte. Zu einem Buch? Gewiß nicht. Eher zu einer Art mühsamer Montage selbstverfaßter Stücke und entliehener Brocken: unverschämte Seiten, bei denen man sich fragt, ob nun die Zitate – seien sie ostentativ oder diskret – dazu da sind, den Herzensergüssen Bahn zu machen oder umgekehrt die Herzensergüsse dazu, einer gelehrten Fingerübung den Rahmen zu liefern.

Das einzige Buch

Es gibt eine schlechte Bescheidenheit, die auf Unwissenheit beruht, manchmal überlegenen Charakteren schadet und sie in einer Art von Mittelmäßigkeit festhält. Das erinnert mich an das Wort, das ein verdienstvoller Mann bei einem Essen zu den Hofleuten sagte: »Ah, meine Herren, wie sehr traure ich der Zeit nach, die ich damit verloren habe, herauszubekommen, um wieviel ich mehr wert war als Sie.«

Nicolas Chamfort

Das ist der große Vorteil des inneren Lebens: es läßt jedem die Freiheit, sich selbst vor allen anderen den Vorzug zu geben.

Simone de Beauvoir

I

Lange Zeit habe ich geglaubt, man käme als Schriftsteller auf die Welt und brauchte dann nur jene kostbare Saat die nötige Zahl von Jahren in sich reifen zu lassen, auf daß eines Tages das erste Buch in Erscheinung träte, just so, wie ehedem zu seiner Stunde der erste Zahn in Erscheinung getreten war. All das müßte spontan vonstatten gehen und ohne besondere Anstrengung. Nach dem Vorbild dessen, was sich zu bestimmten Zeiten im Traum abspielt, wenn plötzlich die Ideen und Einfälle nur so sprießen: Seiten schreiben sich da wie von selbst, Worte ergeben andere Worte, Verben stürzen herbei, Adjektive liegen zuhauf, und hingerissen wohnt man einem Fest bei, das ein anderer bereitet hat.

Dies Fest des Schreibens, so schien mir, konnte jeden Augenblick anbrechen, und es bedürfte nur eines sachten Rufs, um es in Gang zu setzen. Von dieser Gewißheit bestärkt, hatte ich keine Hast, mein »Werk« zu beginnen. Bewußt vermied ich es, aus Ungeduld eines jener unreifen und ungelenken Jugendwerke zu produzieren, von denen dann manche sagen würden, es sei vielversprechend oder eine Stilübung. Mir schwebte zu jener Zeit vor, auf einmal und zwar so spät wie möglich so etwas wie Gesammelte Werke zu veröffentlichen: ein kohärentes Ganzes, das die Hauptstücke-meiner-Weltanschauung-in-ihren-komplexen-Verknüpfungen (so drückte man sich damals aus) zur Erscheinung brächte. Darin hätte ich mit Muße meine Stellungnahmen zu den großen Debatten jener Zeit erläutert, die Mängel unserer Gesellschaft aufgedeckt und gegeißelt, die Grundlagen einer brüderlicheren-und-gerechteren-Gesellschaft gelegt (diese Themen waren ebenso in den Schriften wie im alltäglichen Gespräch der jungen Leute jener Zeit absolut unvermeidlich). Und vielleicht wäre es mir mit ein wenig Glück oder Talent sogar gelungen, einen neuen Typ des Helden zu schaffen, eine neue literarische Gattung durchzusetzen, wenn nicht sogar – höchste Erfüllung – eine neue Form der Kunst, die revolutionäre Synthese (das war das Schlüsselwort) alles bisher Bekannten.

Ich überließ also anderen die Ängste, die dem ersten Buch anhaften, und die etwas rauhen Freuden, die es spendet. Von meiner erhöhten Warte aus betrachtete ich gelassen die Unrast, die etliche talentierte junge Leser meiner Generation umtrieb. Sie hatten beschlossen, Schriftsteller zu werden und sich alsbald – nach platt utilitaristischer Logik – an das gemacht, was nötig war, um dies zu werden. Ihnen war alles recht: Romane, Novellen, philosophische oder politische Essays. Eilig brachten sie ein Erstlingswerk zur Welt, das ganz und gar dem herrschenden Zeitgeschmack entsprach, so als ginge es nur darum, eine weitere Etappe auf jenem Initiationsweg zurückzulegen, der bis dahin im wesentlichen ihr (unser) Leben ausgemacht hatte: eine Etappe und Probe, die Zutritt zu jener Gesellschaft verschaffte, für die ich dieselbe Verachtung hegte wie alle meine wahren Freunde. Die Absage an gesellschaftlichen Aufstieg, an das Ergreifen von Gelegenheiten und Ausnutzen von

Umständen, kurz die Abneigung gegen Tüchtigkeit in jeder Form, waren immer noch unsere höchsten Werte. Jeglicher Erfolg war suspekt, war Beweis dafür, daß man es sich leicht gemacht hatte. Keine echte Berufung ohne unerreichbares Ideal.

Ich zog es also vor zu warten. In diesem wie in vielen anderen Punkten folgte ich ebenso sehr meiner natürlichen Neigung (die mich im allgemeinen nicht dazu treibt, die Dinge zu überstürzen oder ihrem Gang vorzugreifen) wie einem gewissen Zug meiner Erziehung: in meiner Familie ging die Pflicht zum Eingedenken, zum Eintauchen in die Erinnerung als Quelle neuen Lebens, mit einer Bevorzugung des Wartens einher. Eines Wartens, das nicht als Handlungsverzicht, sondern als Handeln galt: ein Handeln im Einvernehmen mit dem Weltlauf. Daher mein Entzücken über das Wort Buffons, Genie sei »nur eine größere Fähigkeit zur Geduld«. Auf meinen Fall angewandt hieß das: nicht schreiben ist auch ein Handeln, ist manchmal sogar ein gutes Werk.

Daß ich mich derart zurückhielt, hinderte mich indes nicht daran, einigen anderen (selbstverständlich nur ganz wenigen) behilflich zu sein, deren Ungeduld mir legitim erschien: da sie ihrem Verdienst nicht recht trauten, zuweilen sogar an ihrem Talent zweifelten, drängte es sie – menschlich verständlich – danach, ihren Wert unter Beweis zu stellen. Also stürzten sie sich ohne weiteres in das große Abenteuer, und ich betrachtete es als meine Pflicht, alles – im Rahmen meiner Möglichkeiten – zu tun, damit ihre Erstlingswerke sogleich Beachtung fänden und ihnen zum Erfolg gerieten. Ich fand sogar Geschmack an dieser Rolle des heimlichen Beraters, die ich heute noch gelegentlich spiele: ehrgeizig für einen anderen zu sein, ist, wie mein teurer Amiel sagt, »ein harmloses Spezialfach, bei der keine Konkurrenz zu fürchten ist«. Freilich bot mir die Rolle der grauen Eminenz mindestens zwei Vorteile. So blieben mir die Intrigen der kleinen Welt, die sich gewöhnlich um die Literatur drängt, nicht gänzlich fremd, und zugleich bestätigte es mich – relativ schmerzlos – in der Überzeugung, daß meine Abneigung, weiter in diese Welt einzutreten, meiner freien Wahl entspränge. Die Jungfräulichkeit, die ich mir solcherart bewahrte, würde mein künftiges Hochzeitsfest um so feierlicher sein lassen.

Allerdings war mir doch sehr unbehaglich zumute angesichts derer, die ein Werk nach dem anderen hervorbrachten: die Verzettelung, die damit einherging, stieß mich ab, und ich für meine Person dachte nicht daran, mich scheibchenweise oder stückweise zu verschleudern. Die Vorstellung, ein Buch als Teilstück einer ganzen Reihe aufzufassen, grenzte für mich an Betrug. Hieß das nicht, die Relativität seiner Schriften, ihre Unvollkommenheit anerkennen? Konnte denn ein Autor, der den Namen verdiente, im Ernst zugeben, daß er nicht versucht hatte, alles zu sagen? Wo doch alles darauf ankam, einzig ein durch und durch ausgearbeitetes Werk zu liefern, eines, das nicht an eine Phase des Denkens oder des Lebens gebunden war, und nur zur Feder zu greifen, um wenn nicht das letzte, so doch eines der letzten möglichen Bücher zu schreiben. So hatte sich die Zwangsvorstellung des einzigen Buches in mir festgesetzt. In Wahrheit war mir diese Formel seit meinen Lehrjahren als Leser vertraut: eines der Handbücher, das ich um der darin enthaltenen Geschichten willen am meisten liebte, hieß nämlich: *Le livre unique de français* (wer gegen Ende der vierziger Jahre die Volksschule besucht hat, wird sich noch daran erinnern). Spontan hatte ich dem Wort »einzig« seinen stärksten Sinn gegeben: erschien mir dieses Buch doch als einzigartig in seiner Art und allen anderen unendlich überlegen (ein logischer Widerspruch, der mich nicht übermäßig beunruhigte). Ich machte mir die ehrgeizige Formel zu eigen und hoffte insgeheim, sie möchte eines Tages für meinen eigenen (und sehr hypothetischen) Beitrag zur Literatur gültig sein.

Es freute mich, Anklänge dieser Träumereien bei einigen Schriftstellern zu finden, deren Werk ich erst später kennenlernte. Besonders gefiel mir ein Geständnis von Pierre Jean Jouve: »Ich habe immer den Dichter eines einzigen Buches beneidet.« Ein einziges Buch: man erschöpft die Ader, man läßt nichts übrig und schafft nichts auf die Seite. Ein einziges Buch: man begibt sich auf eine Forschungsreise, die keine Umkehr kennt und keine Reue, nicht einmal ein kurzes Innehalten, um Bilanz zu ziehen. Denn so oder so enthüllt den Sinn erst das Ende.

Von dieser Zwangsvorstellung her, die bis heute anhält, schien mir jedes Unternehmen verfrüht. Wozu Bücher, die per definitionem nur Andeutungen desjenigen Buches sein können, nach dem man strebt!

Unter diesen Bedingungen, das war mir klar, würde mir eines immer fehlen, so wie es meinen Lesern, selbst den geneigtesten, immer fehlen würde: die Möglichkeit, auf ein früheres Werk, ein Jugendwerk zu verweisen. Wie sollte man ohne das den entscheidenden Punkt bestimmen, die sakrosankte Bruchstelle, dank derer es in einer ordentlichen Karriere ebenso wie in einer ordentlichen Wissenschaft ein Vorher und ein Nachher gibt? Wo soll man jenen beruhigenden Zeitbruch ansiedeln, der vor aller Augen kundtut, daß die Lehrzeit beendet ist, daß der Autor sein Pensum absolviert hat, daß man sich unbesorgt auf die Lektüre einlassen mag, weil man sicher sein kann, beim eigentlichen Werk angelangt zu sein und nicht mehr bei den tastenden Vorgriffen, wenn nicht Fehlgriffen? Dieses Risikos, dieses Mangels war ich mir vollkommen bewußt. Paradoxerweise aber bestätigte mich das nur in meinem Unwillen, einen Anfang zu machen.

2

Das größte Unglück für den Gläubigen ist es,
auf seine Kirche zu stoßen.
René Char

Hinzu kommt noch, daß ich manchmal weitere Alibis hatte. Ich sagte mir, es gäbe Besseres zu tun. Zu leben hieß es. Sich entfalten. Frohlocken und jubilieren. Alle Wonnen kosten. Von einer Lust zur nächsten gehen. Augenblicke des Jubels und der Freude, der Heiterkeit und des Entzückens sammeln. Endlich den Vollkreis aller Genüsse durchlaufen. Alle Lehren der Meister, mit denen ich mich vollgestopft hatte, schienen mir in ein Wort zu münden: genießen.

Carpe diem! Les roses de la vie!** Mignonne allons voir!*** La magique étude de bonheur!**** Ivresse dionysiaque! Ô que ma quille éclate!+ Vivez si m'en croyez!++ Si tu t'imagines Xava xava xava!+++ Du bonheur et rien d'autre!++++* (Denn freilich waren es rein literarische Sentenzen, mit denen ich mich mahnte, nicht zu bald der Literatur auf den Leim zu gehen.) Im rechten Augenblick fiel mir dann wieder ein, daß ich ja mediterraner Herkunft war und mich – sofern ein gewisser Abstand zum »gemeinen Sommer der Badenden« gewahrt blieb – schließlich nicht zu schämen brauchte, wenn ich immer noch Meer und Sonne, Sand und Salz liebte. Und je mehr Erfahrungen man sammelte, um so mehr gewann man auch an Sicherheit. Ich würde Stoff gewinnen für mein künftiges Werk. Dies wäre mithin kein Wechsel auf einen Haufen infantiler Phantasmen, sondern gedeckt durch einen Schatz in lebensharter Währung. Romanhelden erschaffen? Gewiß! Aber erst nachdem ich mich selbst als einer erwiesen hätte …

Dann wieder gab es Zeiten, wo der Rausch der Lebensfülle verflog. »Kleinbürgerliche Romantik«, sagte man mir. Ungleich bedeutendere Anforderungen stellten sich. Die Welt verändern. Handelndes Subjekt der Geschichte sein. Die Wissenschaft gegen die Ideologie verteidigen. Worte begannen, sich in meinem Kopf zu drehen – Praxis, Massen, theoretischer Antihumanismus –, und ich wußte nicht, wann dieses Mühlrad einhalten würde.

* Horaz ** Ronsard *** Ronsard **** Rimbaud
+ Rimbaud ++ Ronsard +++ Queneau ++++ Éluard

Die Theorie herrschte und mit ihr ein gewisser Terror, der uns bis in unsere geheimsten Schlupfwinkel folgte. Ein überaus seltsames Phänomen, das Frankreich mehr als einmal gesehen hat, ist der theoretische Terror, der gewöhnlich in den bestbehüteten Milieus auftritt und die Wirklichkeit in ein Nebenprodukt gewisser *Begriffe* verwandelt. Auch ich war davon befallen wie viele meiner engsten Kameraden: in der Tat waren wir dem Allerheiligsten sehr nahe. Doch anstatt zu den wenigen Auserwählten gehören zu wollen, die schon bald Recht zu sprechen und die Dogmen dieser neuen und kämpferischen Kirche zu verkünden haben würden, begnügte ich mich mit einem Platz in der Schar der schlichten Gläubigen. Voller Demut zwar, aber doch nur insoweit wie dieser Eifer, der mich eigentlich dazu hätte bringen müssen, in meinem Leben eine wirkliche Umkehr zu vollziehen, mir vielmehr triftige und unerwartete Argumente für meinen literarischen Dämmerzustand lieferte.

Zwar war auch vorher schon das Schreiben für mich mehr als eine Lust gewesen, mehr als ein Vorhaben, mehr als ein Vergnügen: eine ausgewachsene fixe Idee. Eine fixe Idee indes, die, wiewohl sie meinen Geist fast vollständig in Beschlag nahm, ihn mitnichten zur Produktion zu bringen vermochte. Hinzu kam, daß das Bild der Literatur, so wie es sich mir (dank der neuen Aufklärung, die mir zuteil geworden war) nun ergab – bald als Gipfel der Askese, bald als Gipfel der Belanglosigkeit –, diese Lähmung noch verstärkte.

Zuzeiten sah ich das Schreiben nur als eine strenge, exakte Wissenschaft an, die eine lange, ernsthafte und eingehende Lehre verlangte, und die man erst gründlich

das Schreiben

theoretisch durchdrungen haben mußte, bevor man sie ausüben durfte. Dann wieder erschien es mir – und zwar nicht minder schlüssig – als bloße Liebhaberei und Müßiggängerei, fern jeder Realität, nutzlos und ohne Zukunft, ob seines ungesunden Wildwuchses dem baldigen Untergang geweiht. So wußte ich denn nicht mehr, ob man – voller Demut – in die Literatur eintreten sollte wie in einen Orden, um in ihr den Rhythmus und die sorgfältigen Verrichtungen eines Kultus nachzuvollziehen, oder ob man sie nicht vielmehr mit frohgemuter Arroganz behandeln und nur dazu betreiben sollte, um ihr den Gnadenstoß zu geben, um sich in ihr auszubreiten wie ein Gift im Wasser.

Die Ungewißheit (ja Stumpfheit), in die mich an manchen Abenden meine Phantastereien auf der Suche nach dem ungreifbaren Begriff der Literatur stürzten, hatte zumindest ein Gutes: ich dachte nicht einen Augenblick daran, mich in Frage zu stellen, meine eigenen Mängel anzuklagen, etwa meinen Hang zu Vorbereitungen, Vorgeplänkeln, Vorspielen, den raschen Rückfall in die Abstraktion, das zwanghafte Analysieren (und all das vermutlich nur aus Furcht vor der Todsünde: dem Gemeinplatz). Das Verdikt der Theoretiker – denen die Literatur als unzulänglich oder als uneindeutig galt – rechtfertigte in seiner unanfechtbaren Objektivität meine Enthaltung.

Da ich aber bisweilen beschämt feststellte, daß ich in diesen gelehrten Dingen allzu oft noch zu jenen zählte, die mehr nehmen als sie geben, jenen, die mehr geformt werden, als daß sie formen, machte ich mich daran, meine eigene Theorie zu basteln. Ich tat es mit Methoden, von denen ich glaubte, es seien ausschließlich die meinen. Doch das Ergebnis war darum nicht klarer. Kaum war der anfängliche Schwung, mit dem ich mich auf die Sache geworfen hatte, dahin, da fand ich mich wieder erschlafft oder besser (wie in Windeln) verklebt in neuen Uneindeutigkeiten, die, wie ich nach so vielen anderen auch entdeckte, mit dem Gebrauch der Sprache einhergingen. Eines, das ich für ein Haupthindernis hielt, stand mir besonders im Weg: der Widerspruch innerhalb der literarischen Tätigkeit – dieser schamlos ausgebreiteten Lust (oder List) – zwischen ihren heiteren, ja erheiternden Zügen (denn was heißt Schreiben letztlich anderes als zwei Buchstaben hinkritzeln und in Gelächter ausbrechen?) und dem Düsteren, das von ihr ausgehen kann, wenn sie, statt uns vor der Todesfurcht zu beschirmen, vom Leben nur ein höchst makabres Abbild gibt, ist sie doch – ob sie schreit oder tobt, ob sie röchelt oder ringt – stets auf Worte angewiesen, denen man nicht ansieht, daß sie allesamt todesträchtig sind.

Doch was mich aufhielt, war nicht nur das allgemeine Problem der Sprache; es war auch das meiner eigenen Beziehungen zur französischen Sprache, die seit Kindertagen auf einer seltsamen Mischung aus abergläubischer Verehrung und bewundernder Inbrunst beruhte. Ich grübelte denn auch über das Beispiel Kafkas nach, von dem ich gelesen hatte, daß er sich in der deutschen Sprache als »Gast« vorkam. Diese Formel hatte mich berührt: nur zu gut wußte ich, was das hieß. Trotzdem würde ich, sollte ich heute angeben, welcher Art mein Verhältnis zur französischen Sprache damals war, nicht auf dieses Bild mit der darin anklingenden Intimität zurückgreifen; eher fiele mir dasjenige eines »bevorzugt Aufenthaltsberechtigten« ein, ein Ausdruck aus dem technischen Vokabular der Ausländerpolizei. Wer diese Situation mitgemacht hat, weiß, was ich meine. Sie schafft Pflichten, von denen die anderen nichts ahnen. Vor allem eine Dankespflicht. Tatsächlich trug ich mich gegenüber dem Französischen mit einer Schuld, einer Schuld, die sich nur durch Opfern des Kostbarsten, das ich anzubieten hatte, nämlich eines Teils meines tätigen Lebens, tilgen ließ: also verstand es sich für mich von selbst, daß ich (was immer sonst mein Beruf sein mochte) eine Art Diener der Sprache, ein Werktätiger des Französischen zu werden hatte. Hiermit verband sich nun aber wieder die Pflicht zur Zurückhaltung, vergleichbar der Schweigepflicht für gewisse Beamte. In diesem Sinne glaubte ich mich nicht berechtigt, das erhabene Gebäude, in das man mich eingelassen hatte, anzurühren, und freute mich statt dessen, daß es mir vergönnt war, endlos darin zu wandeln – nötigenfalls auch schweigend.

Allerdings ließ ich mich nicht von den unablässig wiederholten Argumenten einnebeln, die mich von Schlachten abzuhalten suchten, die angeblich von vornherein verloren waren und mich zum literarischen Nihilismus geführt hätten. Zwar haderte ich allmählich mit dem Schicksal, das mich in eine Zeit versetzt hatte, die dermaßen mit Büchern und Schriftstellern vollgestopft war; gern hätte ich die Hohlheit all dieser Sätze bloßgestellt und mein Ressentiment über die ergossen, die sie in die Welt gesetzt hatten. Das aber reichte schon, um auch in den Tagen des größten Mißmuts den Faden, der mich mit dem Schreiben verband, gespannt zu halten.

3

Ich fühle mich nie reif genug für ein starkes Werk.
Anscheinend warte ich auf meinen Verfall.
Jules Renard (1887)

Du bist nicht reif genug, sagst du;
willst du denn warten, bis du verfaulst?
Jules Renard (1889)

Nichts zu schreiben, solange ich nicht vollständige Reife erlangt hatte, schien mir also erstes und dringlichstes Gebot.

Noch hatte die Furcht, Zeit zu verlieren, keine Gewalt über mich. Im Gegenteil erschien es mir schön, auf diese Weise einige Jahre einer edlen Sache zu opfern. Ja, ich fand, daß diese offen zur Schau getragene Gleichgültigkeit, diese Heiterkeit vornehm wirkten: aus ihnen sprach nicht der Zweifel, sondern das Vertrauen auf eine Art Pakt mit der Zukunft.

In der Tat baute ich in der Einbildung bereits fest auf die Zukunft, und welchen Alltagsgeschäften auch immer ich gerade nachgehen mochte (ein Gespräch mit einem Freund im Hof der École, ein verliebter Spaziergang auf der Insel Saint-Louis, ein Frühstück vor einer windschiefen Kneipe der Rue Mouffetard oder an der Contrescarpe), war ich vor allem damit beschäftigt, mir vorzustellen, welche Erinnerung ich wohl daran haben würde, wenn erst mein Leben vollkommen in der Literatur aufgegangen sein würde und ich mich gerührt meiner einstigen Taten besinnen und sie nun mit Recht als Etappen oder Vorzeichen verstehen könnte.

Ich erlebte die Gegenwart als Erinnerung und ersparte mir damit, ihr einen Inhalt zu geben. Lieber ließ ich die Eindrücke ungeordnet, wie sie waren, weil ich darauf baute, daß sie sich von selbst ordnen würden, und daß diese Fügung nichts anderes wäre als die endlich lesbar gewordene Ordnung meines Lebens.

So ließ ich also etliche Jahre lang auf allen Welten, mit denen mich der Zufall in Berührung brachte (ein Zufall, der noch den Geschmack besaß, die Gestalt reizender junger Frauen anzunehmen), den klassischen Blick des Gleichgültigen oder des Spötters ruhen, dem kein Ungeschick, keine Unechtheit, kein verborgenes Ungleichgewicht entgeht. Freilich begleitet von der Hoffnung, daß aus diesem Blick sich eines Tages die Vision ergäbe.

Das ging so lange Zeit, sehr lange Zeit.

Ich hatte meine Kräfte geschont, Vorräte angelegt für künftige Tage, die einfach nicht kommen wollten. Was zuversichtliche Erwartung gewesen war, wurde unmerklich zur Erstarrung. Jetzt war mir, als ob die Zukunft mich flöhe. Die Zeit schien keine Macht mehr über mich zu haben. Jahr um Jahr fand ich mich als derselbe wieder: dieselbe Träumerei, dieselbe Verweigerung, dieselben Illusionen. Mein Gesicht bewahrte seine jugendlichen Züge, und ich ging immer noch ohne weiteres als ganz junger Mann durch. Manchmal freute ich mich ob dieser schicksalhaften Aufhebung der Zeit; sie ersparte mir, so glaubte ich, die Prüfung des Alterns. Doch dieses Behagen am Status quo verbarg in Wahrheit eine neue

Furcht: die Furcht, jene ehedem so erwartete Zukunft könnte sich tatsächlich einstellen. Spontan und bis in die Knochen hatte ich mir die Technik derer zu eigen gemacht, die, um sich den Glauben zu bewahren, sie hielten sich an einen Zeitplan, die Uhren anhalten.

Das Alter der Tonleiter- und Stimmübungen war vorbei, doch das vermeintlich in Ruhe reifende Werk war nicht einmal entfernt in Sicht.

Im Gegenteil, die literarische Tätigkeit erschien mir zu gewissen (und immer häufigeren) Zeiten von einer bestürzenden Schäbigkeit. Und so, als hegte ich nur das Verlangen, mir alle Wege zu verlegen und alle Ansätze zu ersticken, brachte ich nach und nach alles in Anschlag, was dazu taugte, dem geringsten Vorhaben den Garaus zu machen. Die ins Auge gefaßten Werke zerfielen alsbald, verschwanden buchstäblich, ohne daß sie erst hätten erschaffen werden müssen. Ich hätte nicht sagen können, ob mir die Wirklichkeit zu banal erschien, als daß sie aufgeschrieben zu werden verdiente, oder die Wörter zu platt, um von ihr Zeugnis zu geben. Aber ich verlegte mich nur noch mehr auf Argwohn und Abwehr.

Zu alledem kam noch das Unbehagen, das mein Verhalten unter den Mitgliedern meiner Familie hervorrief. Sie wurden ungeduldig. Jeder fühlte sich berufen, in mehr oder weniger deutlichen Worten meine Müßigkeit zu kritisieren. Der Ruhm, jener Ruhm, mit dem sie beständig für mich gerechnet hatten, verzögerte sich; und ich, statt fieberhaft jenen Augenblick des Triumphs, der auch der ihre gewesen wäre, anzustreben, ließ meiner Trägheit freien Lauf. Sie stellten sich vor, ich müßte schuften, um Paris zu erobern, müßte in den literarischen Salons glänzen, Abend für Abend mit Akademiemitgliedern, Verlegern, Ministern speisen (oder zumindest mit den Töchtern dieser faszinierenden Herrschaften); und ich verbrachte unbedacht meine Tage damit, über alten Büchern zu dösen, vage Texte zu schreiben, die keiner bestimmten Gattung angehörten und die ich nur selten über die zweite oder dritte Seite hinaus brachte. Ich brachte sie um die Revanche, auf die sie warteten und als deren Werkzeug sie unbewußt mich auserkoren hatten. Sie hatten sich, solange ich auf sie angewiesen war, den Kopf zerbrochen, um mir das Leben zu erleichtern. Jetzt aber warfen sie mir insgeheim vor, mich ans leichte Leben gewöhnt zu haben. Ich hatte mich frei geglaubt, ich war es nicht: sie hatten Rechte auf mich.

Wieder hieß es, sich den Tatsachen zu beugen. Angesichts der klassischen Alternative *schreiben oder leben*, die immerhin die freie Wahl eines der beiden Wege vorsieht, ließ ich nur immer deutlicher erkennen, daß ich mich weder auf den einen noch auf den anderen einzulassen vermochte. Aber eigentlich hatte ich diese Alternative nie ernst genommen; sie erschien mir gröblich verkürzend. Ich wurde das Gefühl nicht los, um der Vielfalt meines Wesens willen müßte ich mich ihr entziehen. Seit langem hatte ich mich an der Fülle und Mannigfaltigkeit meiner Anlagen, der Frucht einer Erziehung, in die diverse Erbschaften eingeflossen waren, berauscht. Mehr als an jedem anderen meiner Züge hing ich an dieser Vielfalt, schien sie mir doch alle anderen in sich zu fassen: kein Makel, kein Mißwuchs, sondern der Grund meiner Person.

Das hinderte mich indes nicht daran, jeden möglichen Nutzen der Sache zu vertun. Denn sie hing zu eng mit meinen exotischen Neigungen zusammen. Und ich hätte nicht mein Anderssein zur Quelle meiner Kraft zu machen vermocht. Auf diesen fernen Ursprung hätte ich mich berufen müssen: auf diesen geographischen Zufall mich stützen, um meine Sicht zu klären; die Leichtigkeit nutzen, die dem Reisenden eigentümlich ist, kurz, der Entwurzelung alle sekundären Vorteile abgewinnen, die in ihr beschlossen sein mochten. Doch ich wußte noch nicht, daß man das Recht, vielfältig (und anders) zu sein, nur gewinnt, wenn man sich zuvor fähig erwiesen hat, auf dem Weg über ein Werk diese Vielfalt (und dieses Anderssein) zu überwinden.

So ereignete sich ein Wandel meines Selbstbilds, dessen Bedeutung mir zunächst gar nicht aufging. Auf hochmütigen Stolz folgte demütige Bescheidenheit. Das Ende meines Studiums hatte mich auf den Boden zurückgeholt: ich stand mit leeren Händen da und wußte nicht, wohin ich gehörte. Keine der Kategorien, in die man mich hätte stecken können, schien mir zureichend, und ich unternahm nicht viel, um mich anderweitig zu definieren.

Als Kind, in einem Alter, wo andere sich vornehmen, entweder Chateaubriand zu sein oder nichts, hatte ich geschrieben, ich würde ich selbst sein oder nichts. Freilich hatte ich mir nicht träumen lassen, daß ich eines Tages in der Situation sein würde, gleichzeitig ich selbst zu sein und nichts.

Ich begann mir zu sagen, daß ich recht gut jene absurde Figur (die meines Wissens Pascal ersann) verkörperte, welche sich darüber grämte, nicht drei Augen zu haben: welcher Wahn trieb mich denn, das gemeine Los zu verschmähen und nicht auf ewig im Verborgenen leuchten zu wollen?

Doch auch das selbstgewählte Schweigen stillte nicht meine Unruhe noch mein Sehnen. An Vorbildern – von Rimbaud bis Hölderlin oder Nietzsche – gebrach es mir gewiß nicht. Außerdem war es keine Schande, mit dem zu debütieren, womit jene aufgehört hatten (vielleicht ist das Harar nicht bloß ein Zufluchtsort, sondern eine gesteigerte Form der Kunstausübung). In ihren Händen (wenn ich so sagen darf) war das Schweigen zu einer Waffe geworden. Es war so schwer, so erfüllt von Sinn, daß es sich nicht länger zu verstellen brauchte, nicht länger in Worte zu verkleiden, wie es noch in vielen ihrer Dichtungen geschehen war. Doch in meinen Händen? Ich wurde gewahr, daß auch das Schweigen schwer zu handhaben war. Wer weiß, welchen – absurden oder unfreundlichen – Sinn ihm die geben mögen, gegen die man es wendet (denn wie der Selbstmord richtet sich auch das Schweigen immer gegen jemand)? Um keinen Preis sollte man von mir denken, ich sei – heimlich und verschämt – Parteigänger einer Schule geworden, die ich in Wahrheit verabscheute: all jene nämlich, die so tun, als wollten sie den Quietismus austreiben, und dabei doch das Unaussprechliche und das Subjektive hegen und pflegen, so daß sie sich jedem Versuch einer Widerlegung anstandslos entziehen können.

Eine Art Scham hielt mich jedoch davor zurück, Worte wie Unfruchtbarkeit, Scheitern etc. unumwunden hinzuschreiben. Scham ist eigentlich nicht das richtige

Wort. Der tiefere Grund war wohl ein nach wie vor wirksames Familientabu: dem Gefürchteten einen Namen zu geben. Die abergläubische Furcht vor der bösen Macht der Worte, die uns zu unglaublichen rednerischen Schlenkern zwang, wenn von unglücklichen oder schlichtweg unliebsamen Ereignissen oder Hypothesen die Rede war. Von meinem Mißgeschicken sprach ich nur in der dritten Person und schrieb sie irgendeinem Phantom zu, mit dem ich nicht das geringste zu tun hatte. Oft genug sprach ich auch lieber von anderen, weniger schmerzhaften Dingen: ich entsann mich, daß man auf die Wände der Katakomben nichts malte, was an die Schrecken der Zeit – Leiden, Martern, Kreuzigung – gemahnte, sondern Gebinde von Blumen und Früchten, umschwebt von Tauben.

Meistens jedoch schwieg ich beharrlich.

Ich hatte endlich begriffen, daß das Leben die unangenehme Eigenschaft hat, seine Schulden nicht zu begleichen: als ein nur selten zahlungsfähiger Schuldner macht es sich über unsere Schuldforderungen lustig. Glücklich also, wer sich, solange seine Rechnungen nicht beglichen sind, wenigstens zeitweise an Worten schadlos halten kann.

Für mich hieß das, daß ich nun wohl ausziehen mußte, zu erobern, was ich seit je für meinen angestammten Besitz gehalten hatte.

Die Wortstellung

»Die Franzosen wollen nicht mehr arbeiten, sie wollen alle schreiben«, *sagte mir meine Concierge ohne zu wissen, daß sie soeben den alten Zivilisationen den Prozeß machte.*

Émile Michel Cioran

Heutzutage machen drei Pointen und eine Lüge einen Schriftsteller.

Georg Christoph Lichtenberg

Unter allen dunklen oder sagen wir: schlecht erhellten Momenten meiner Vergangenheit mutet mich immer noch dieser am seltsamsten an: wie bin ich bloß eines Tages darauf gekommen, ich müßte schreiben? Eine simple Frage, die auf der Hand zu liegen scheint, und doch habe ich lange gebraucht, bis ich meinte, sie mir stellen zu müssen. Erst nach einer langen Reihe fehlgeschlagener Versuche meldete sich der Zweifel an der Echtheit meiner »Berufung« und ich begann, nach dem Ursprung dessen zu fragen, was mir bis dahin immer als eine von meinem Wollen unabhängige Bestimmung erschienen war. Nachdem sie sich aber einmal gestellt hatte, verschwand die Frage nicht mehr; zu gewissen Zeiten bestand meine Hauptbeschäftigung in ihrer Beantwortung.

Die Antworten, die ich fand, waren vielfältig und manchmal schlechterdings widersprüchlich. Eines steht jedenfalls fest: das Verlangen zu schreiben ist mit mir alt geworden und hat alle Wechselfälle meines Lebens überdauert. Ein Begleiter von Kindesbeinen an, der sich aber nicht mit den kleinen Kindereien auf die Beine machte, sondern sich einzunisten und in den Fugen einer tugendhaften Jugend Unterschlupf zu finden wußte; und nachdem er mit knapper Not die stickigen Stunden des Studiums überstanden hatte, ließ er sich selbst vom Trott des Wissenschaftsbetriebes nicht mehr vertreiben.

Wollte man also um jeden Preis zur Quelle jenes Wörterstroms gelangen, dessen periodische Überschwemmungen – mochten sie auch unvorhersehbar und von kurzer Dauer sein – so viele Jahre hindurch meine Träumereien vom Schreiben gespeist haben, so müßte man wohl in der Kindheit suchen. Dort fände man dann ein kurioses Durcheinander von Ursachen und Wirkungen, das ich bis heute kaum zu entwirren vermag. In der Kindheit habe ich Geschmack an Wörtern entwickelt und das Verlangen, sie zusammenzufügen; damals sind mir die Themen meiner ersten literarischen Versuche zugefallen. Die Kindheit hat mithin meinem Schreiben seine entscheidenden Motive im doppelten Sinn des Wortes geliefert. Doch diese zweifache Beziehung der Kindheit und des Schreibens, der ersichtlich zwei verschiedene Ansätze zugrunde liegen, ist in meiner Erinnerung zu einer einzigen verschmolzen. Dergestalt, daß ich nicht mehr weiß, was ich nun direkt meinen Erfahrungen als Kind verdanke und worauf ich erst später gekommen bin, nach etlichen Versuchen, diese Erfahrungen wiederzufinden und niederzuschreiben.

I

Mit seiner Kindheit wird man niemals fertig: im allgemeinen schwankt man zwischen einer Art schlechtem Gewissen (soll man sich wirklich dermaßen in diese Kindereien hineinknien?) und bohrender Unruhe (gehe ich nicht just wieder am Wesentlichen vorbei?).

Die Kindheit der anderen stelle ich mir gern als eine trübe Ansammlung von Erinnerungen vor, die sich je nach Laune und Augenblick verändern, ein loses Gebilde, unstet und flüchtig, wenn nicht gar eine sentimentale Tönung, die sich im Rückblick über einige ansonsten unbedeutende Wesen, Dinge und Orte legt. Meine ist von anderer Art: ihre Spuren verwischen nicht, ja es schien mir, als grüben sie sich mit der Zeit nur tiefer in mich ein und blieben dabei doch an der Oberfläche lesbar. Rührt dieses besessene Stochern in der Vergangenheit von meiner jüdischen Erziehung oder irgendeiner Form von Atavismus her? Seit jeher bestand da wohl so etwas wie eine Gedächtnispflicht, ein Gebot, sich zu erinnern, sich ständig bestimmte Geschichten zu vergegenwärtigen: den Bund Abrahams, die Opferung Isaaks, den Auszug aus Ägypten, den Empfang der Gesetzestafeln. Und dieser alte Zug ist seit dem letzten Krieg noch weiter verschärft worden: durch das Verbot zu vergessen.

Freilich bedurfte ich dessen nicht, um dem Kult der Erinnerung zu verfallen: meine ganze Veranlagung geht dahin. Ich gehöre noch zu jenen Leuten, deren Blick an einer vermeintlich glücklichen Vergangenheit hängt und die darum nur widerwillig und gleichsam rückwärts ins Leben treten, sofern sie nicht jahrelang vollkommen starr und wie angenagelt dasitzen. Meine Gedanken wie meine Leidenschaften gehören nur der Vergangenheit (oder eventuell auch der Zukunft, solange sie nur fern genug ist): ich habe eine lange Leitung und ein träges Herz. So habe ich etliche Jahre von den Erinnerungen an meine Kindheit gelebt wie andere von den Erträgen ihres Kapitals. Tatsächlich besaß ich auch keine anderen Rücklagen. Doch die Vergangenheit löst sich unmerklich in kleinen Stücken ab. Also hatte ich wie viele andere den Wunsch, sie festzuhalten, sie zurückzuholen, wenn nicht wiederzuverwerten: Recycling sagt man heute beim Altpapier oder beim Abwasser.

Zwei Sprungbretter gab es, von denen ich mich in das Unternehmen stürzen konnte, und beide erschienen mir seit langem als tauglich: die privilegierten Beziehungen zu meiner Umgebung und die nicht minder privilegierten – wenn auch ganz anders gearteten – Beziehungen zur französischen Sprache.

Niemand in meiner Umgebung, jedenfalls im engeren Kreis meiner Familie, hatte jemals bezweifelt, daß mein Los außerordentlich sein mußte. Worauf sich diese Überzeugung eigentlich stützte, habe ich mich erst später gefragt. Ich übernahm diese – durchaus schmeichelhafte – gemeinsame Überzeugung ohne weiteres und ohne sie als sonderbarer zu empfinden als manch andere ausgesprochenen oder unausgesprochenen Gesetze unseres Familienlebens. Es versteht sich von selbst, daß das einzigartige Los, das mir somit beschert war, auch ein ruhmreiches war und daß Sprache und Literatur darin die Hauptrolle spielten.

Denn nichts, was die Sprache anging, wurde bei uns auf die leichte Schulter genommen. Hier leuchteten die letzten Lineaturen dessen auf, was in früheren Generationen das Prestige meiner Familie begründet hatte. Unseren Reichtum hatten wir unter Bedingungen verloren, die so schmerzlich waren, daß ihre bloße Erwähnung noch Jahrzehnte später Trauer und Groll heraufbeschwor. Geblieben war uns das Prestige der Kultur. Ein Privileg, für das über beinahe vier Jahrhunderte (weiter wollte das Familiengedächtnis nicht reichen) hinweg einige bedeutende Rabbiner einstanden: ein Wundertäter in dem fernen Flecken Oufran der eine; ein unerschrockener Missionar, der bis nach Buchara ging, um Spenden für seine frommen Stiftungen zu sammeln, der andere; endlich Kabbalisten unterm Turban, die beschlossen hatten, im heiligen Land zu studieren und zu sterben. Aus der Erinnerung an gewisse, fromm von Generation zu Generation überlieferte Episoden bezog unsere stolze Mythologie die Gewißheit einer geschwisterlich engen, erblichen Verbindung zur Welt der Literatur und gleichsam das Siegel einer Art Prädestination. Einen Ehrenplatz nahm darin natürlich der lange Bericht ein, den Pierre Loti von seinem Gespräch mit unserem Urgroßvater in Mekinez gab, in jenem prunkvollen Wohnsitz, in dem dieser ihn empfing. Ein seltsamer Bericht freilich, denn es ist ein reines exotisches Dekor, das hier voller Hingabe und Bewunderung beschrieben wird; über diejenigen, die in dieser orientalischen Märchenwelt leben, wird so gut wie nichts gesagt. Und eine seltsame Begegnung – von der ich oft geträumt habe – zwischen dem »jüdischen Millionär mit sanftem Gesicht« und dem fruchtbaren Autor von *Aziyadé*. Nicht nur weil sie für Loti die Gelegenheit war, in eine Schuld zu geraten, von der er mit Recht fürchten mußte, sie niemals tilgen zu können, sondern auch weil sie für uns sinnbildlich den neuen Lauf der Dinge bezeichnete: das Eindringen der französischen Literatur und ihrer Verlockungen in den betulichen Frieden einer betuchten Familie.

Eleganz oder Prägnanz der Worte, die Suche nach pittoresken Ausdrücken, nach preziösen und bisweilen etwas altmodischen Wendungen – all dem war größte Bedeutung beigelegt worden. Man benutzte sie geradezu wie einen Talisman: wegen eines vertauschten Geschlechts platzten Verlobungen, über einer falschen Deklination, einer verkehrten Beugung gingen Ehen in die Brüche.

In unserer kleinen Provinz- und Kolonialgesellschaft, in der die Gruppen nahezu hermetisch abgeschlossen und streng hierarchisch gegliedert waren, wirkte die Verehrung der Literatur ähnlich wie in den wirren Zeiten des untergehenden römischen Reiches: sie unterschied die »Zivilisierten« von den anderen.

So überkam mich gleichsam auf natürliche Weise eine Art Leidenschaft für die Kultur: die Kultur im Sinne einer vollendeten, abgeschlossenen Totalität, die es durch endlose Studien (je länger, desto verdienstvoller) zu erwerben galt, in die jedoch eingreifen zu wollen vermessen gewesen wäre; die als Modell gelebte Kultur, der ein Teil jenes Prestiges zufiel, das die überlieferte Religion allmählich verlor. Was mich anzog, war nicht die einzelne Seite, das und das Werk, ein bestimmter Autor, den ich vielleicht in Auszügen in den Schulbüchern meiner großen Brüder gelesen hatte, sondern es war die Gesamtheit dessen, was auf französisch geschrieben sein mochte. Und ich sah die französische Literatur, von der ich noch so gut wie nichts wußte, als ein lebendiges Wesen an, als einen Organismus, bei dem jedes einzelne Glied zählte, oder vielmehr wie eine niemals stillstehende Figur, die nicht anders als in ihren Metamorphosen existierte.

Frankreich kannte ich noch nicht. Das wenige, was ich darüber wußte, stammte aus zuweilen unerwarteten Quellen. So erinnere ich mich, mehrmals einen jener »magischen Federhalter« zum Geschenk bekommen zu haben, deren geschnitzter Stiel – aus Elfenbein, wie ich glaubte – das Bild eines Monuments enthielt: man brauchte nur das Auge an ein kleines Loch in der Mitte des Stiels zu bringen, um ... die Conciergerie oder das Schloß von Versailles zu erblicken, winzig klein, aber vollkommen deutlich. Wenn ich später von diesen Monumenten sprechen oder die Landschaften Frankreichs beschreiben wollte, die für mich einzig aus Sehnsucht bestanden, hätte ich gern den passenden Ton für diese Art Entdeckung getroffen, einen Ton von altem Elfenbein, der, ähnlich wie die Vitrine in einem Museum, von vornherein zwischen meinen Blick und die Dinge die richtige Distanz gelegt hätte.

So hat mein Verhältnis zur Sprache von Anfang an eine ganz bestimmte Richtung eingeschlagen: ich bin nie Gefahr gelaufen, die Dinge mit ihren Namen zu verwechseln.

2

Die meisten der Wörter, die ich gebrauchte, waren fast aller ihrer natürlichen Bande zu den Dingen ledig, und aus diesem Grund erschienen sie mir von berauschender Leichtigkeit. Keine Last zog sie mehr zu Boden. Die ich am meisten liebte (*bergamote, nacelle, boutargue, ga-*

*loubet, caillebotis**) hafteten an nichts, was mir vor Augen lag. Sie waren schöne Blasen, schillernd und irisierend, und ihre Nutzlosigkeit machte sie mir nur noch kostbarer. Gab es ein schöneres Spielzeug?

Schon damals liebte ich besonders die Augenblicke, wo mir die Sprache nackt erschien. Es genügte, daß aus einem Mund, aus dem man es nicht erwartet hätte, ein etwas seltenes Wort fiel, um etwas wie eine Umwälzung zu bewirken: alsbald löste es die Rede auf, in der es einherkam, machte die Logik des Gedankengangs zunichte, schuf um sich herum Leere und betörte einem am Ende mit seinem ungewöhnlichen Klang sämtliche Sinne.

So fing ich denn an, mir eine Art Festung zu bauen, die einzig und allein aus meinen Lieblingswörtern bestand, um mich von Zeit zu Zeit dorthin zurückzuziehen. Nicht aus Gleichgültigkeit gegen die Welt oder übertriebenem Hang zur Einsamkeit; im Gegenteil meine ich, fest in der kleinen Bande von Schuljungen, Nachbarn und Vettern, zu der ich gehörte, gesteckt zu haben; ich kannte wohl die Freuden der Sprache, hatte aber noch niemanden gefunden, mit dem ich sie teilen konnte, und gab mich meinen kleinen verbalen Ausschweifungen allein hin. Rasch kam ich zu der Überzeugung, daß keine Wirklichkeit es mit einer glücklichen Wortfügung aufnehmen konnte, und das erfüllte mich – ich weiß nicht warum – mit echter Freude; was niemand in meiner Umgebung auch nur ahnte. Freilich sprach ich kaum darüber, denn letztlich war ich mir nicht sicher, ob man solche Dinge eingeste-

* Bergamotte; Nachen; *boutargue* oder *botarge*, südfrz. Gericht aus gesalzenem Fischrogen; Trommelflöte; Lattenrost.

hen konnte. Wem hätte ich denn erzählen sollen, daß ich an manchen glühendheißen Nachmittagen, dieweil man mich beim Mittagsschlaf wähnte, dabei war, Zeile für Zeile, Wort für Wort (nur hie und da einen Ausdruck, der mir nicht ausreichend »vornehm« erschien, weglassend) eine Kriminalgeschichte abzuschreiben, die ich in der französischen Ausgabe des *Reader's Digest* gefunden hatte, und der ich natürlich einen ganz anderen Sinn geben wollte als den, den sie hatte? Es war die Geschichte einer verpaßten Begegnung, die deshalb nicht zustande kommt, weil eine junge Französin sich im Datum verliest, das ihr englischer Geliebter aufgeschrieben hat. Hätte mich noch irgendwer für voll genommen, wenn ich damals bekannt hätte, wie ich es später tun sollte, daß ich weißes Papier hortete?

Vielleicht kam so jene Neigung zur Geheimniskrämerei, zum gewohnheitsmäßigen Doppelleben zustande, die sich mit den Jahren auf dem Gymnasium noch verstärken sollte. Tatsächlich bezeichnete in unserer Welt der Eintritt in die Sexta eine Art Neugeburt: zum ersten Mal sah man sich aus dem Milieu von Familie und Judentum, das bis dahin der einzige Orientierungsrahmen gewesen war, hinausbefördert. Es bedeutete, daß man sich dem vorgegebenen neuen Modell anpassen und gleichzeitig an der Überlieferung festhalten mußte. Ein rauher Sport, ein Leben im Spagat! Aber es gab den Jahren auf dem Gymnasium den Reiz eines Spiels. Ein Doppelspiel, an dem ich lange Spaß fand, bevor ich es endlich satt hatte.

Zwei Persönlichkeiten zu haben, zwei Leben, die tagtäglich auseinander, aber auch mehr oder minder subtil durcheinander liefen, färbte auf die Dauer auf meine Existenz ab. Am Ende wußte ich nicht mehr, wo und wer mein wahres Ich war.

Von da an mißtraute ich allem, was zwei Seiten hatte. In mir und außer mir. Zweiheit lag zu nahe bei Falschheit. Selbst mein Sinn für Sprachen, auf den ich so stolz war, ließ er mich doch – wenigstens teilweise – an den Überresten der alten jüdischen und arabischen Kultur meiner Vorfahren teilhaben und mit Leuten jeden Alters, jeder Herkunft, jeder Schicht leichten Umgang pflegen, wurde mir plötzlich suspekt. Hinter dem Vergnügen daran, mehr als eine Sprache zu sprechen, sah ich eine Gefahr lauern: die – nur scheinbar harmlose – Gewöhnung an eine Form von Doppelzüngigkeit. Schließlich hörte ich sogar auf, mich über einige meiner Vettern lustig zu machen, die wie ich in einer gewissen Zweisprachigkeit aufgewachsen waren, sich aber hartnäckig weigerten, etwas anderes als Französisch zu sprechen.

Durch schlichte und einfache Flucht hatte ich mich also aus der Affäre gezogen. Ich hatte zu meinem persönlichen Gebrauch ein ganz neues Ich erfunden, das den mediokren Verkörperungen, welche die anderen zu kennen meinten, haushoch überlegen war. Ein Ich, das die Zufälle der Kolonialgeschichte und -geographie hatten boshafterweise fern seinen wirklichen Existenzbedingungen, fern seinem natürlichen Ort (es hätte dies ein altes Dorf in der Touraine sein müssen, wo tagtäglich der Kult des Französischen zelebriert wurde) zur Welt kommen lassen, gleich einer unsinnigerweise verpflanzten exotischen Blume. Doch die Ironie des Schicksals hatte gewollt, daß die Verpflanzung im umgekehrten Sinn geschehen war. In Wirklichkeit nämlich haderte ich damit, ein Exot zu sein, und ich erlebte diese Exotik als ungerechte Verbannung. Schon stand ich wieder da, die lausigen Hüllen eines emsigen Gymnasiasten und eines jüdischen Kindes in der Hand. Zwei Masken, mit denen das stolze Ich in der Höhe nichts anzufangen wußte.

Doch die Kindheit währt nicht ewig, und mein Glaube an die Unfehlbarkeit der Familie begann zu bröckeln. Ich suchte nach den Gründen dessen, was man mich gelehrt hatte, und nicht immer fand ich sie. Leicht gereizt begann ich mich zu fragen, auf welcher Straße denn der mir verheißene Ruhm kommen sollte. Ich ging in mich, forschte ungeduldig nach dem Stück Genie, das doch notwendigerweise eines Tages hervortreten mußte, wunderte mich, daß es immer noch nicht zutage getreten war. Denn nichts Entscheidendes tat sich. Meine Erfolge? Sie übertrafen in nichts das, was man von dem »begabten und fleißigen« Schüler, den meine Lehrer – mit bedauerlicher Einfallsarmut, aber beruhigender Übereinstimmung – von einem Schuljahr zum anderen ermutigten oder beglückwünschten, schlechterdings erwarten durfte. Zu meiner großen Schande war ich nicht einmal ein Wunderkind. Irgendwann konnte ich es mir nicht länger verbergen: die einzige Besonderheit, die ich in mir fand, war diese Gewißheit, diese fixe Idee der Besonderheit, die ein Teil meiner selbst geworden war und ausschließlich auf sich selbst zu beruhen schien.

Ich befand mich ihr gegenüber in derselben sonderbaren Stellung wie die Juden gegenüber dem Auserwähltsein. Viele Völker der Erde haben sich für »auserwählt« gehalten oder ausgegeben: Zug um Zug hatten sie Weltreiche begründet, sich durch ihren Glanz oder ihre Grausamkeit dem Gedächtnis der Menschen eingeprägt, und dies mochte ihrem Anspruch wenigstens den Anschein der Begründung verleihen. Die Juden sind anders vorgegangen: sie haben sich bemüht, die Wahl auf sich zu lenken, indem sie so taten, als ob sie an die von ihnen selbst erfundene Geschichte ihrer Auserwähltheit glaubten – und manchmal glaubten sie auch wirklich daran (ein Unterschied, der sich auf die Dauer verwischt hat). Wollte ich aus der Sackgasse heraus, mußte ich meine Situation noch ernster nehmen. Schreiben wäre das Mittel, mit dem ich meinem Leben die Einzigartigkeit geben könnte, nach der ich strebte. Ich brauchte nur zu erzählen, was zu sein ich träumte. Der derart vorgezeichneten und gleichsam eingefangenen künftigen Wahrheit würde nichts anderes übrigbleiben, als sich wie beschrieben einzustellen. Denn ich hätte ja nur Lügen von reinster Richtigkeit erfunden.

Damit war eine Last von mir genommen. Weder über mir noch in mir brauchte ich mehr die verborgene Macht zu suchen, die mich noch an die Existenz einer Zukunft glauben ließ. Eine Feder reichte. Doch die Eleganz und Bequemlichkeit der Kriegslist verbargen mir die in ihr liegende Gefahr: lud ich mir damit doch eine schwere Aufgabe auf, die, sollte etwa ein Hindernis ihre Erfüllung verzögern, unfehlbar – wie in dem historischen Beispiel, an dem ich mich inspirieren zu dürfen meinte – den Erwählten zum Opfer machen würde.

So ging in meinem Kopf alles durcheinander, und das

Verlangen zu schreiben wurde zum großen Sammelbekken, darin sich alle Knoten auftun und alle Hindernisse auflösen sollten. Doch es gibt so viele Weisen, sich dem Schreiben hinzugeben!

3

Ein weißer Bogen Papier flößt mehr Respekt ein
als der schönste Bogen Makulatur.
Georg Christoph Lichtenberg

Die schönsten Lieder
stehen auf unbeschriebenem Papier.
Mallursset

Es gibt jene, die von der weißen Seite ausgehen, und jene – selteneren –, die dort ankommen. Nicht mühelos, denn oft heißt es lange kratzen, um ein bißchen Weiß wiederzufinden. Das Drama ist nämlich, daß das Unvermögen zu schreiben einem noch keineswegs das Verlangen danach nimmt. Es sei denn, es käme noch ein körperliches Gebrechen hinzu. Aber auch dann wüßte sich mancher noch zu helfen, indem er diktierte …

Ich für mein Teil habe, was dies betrifft, einen merkwürdigen Weg zurückgelegt, dessen Kreisform typisch ist für alle Nachfahren von Bouvard und Pécuchet. Queneau hat richtig bemerkt, daß, wie viele große europäische Romane, die Geschichte der beiden Kellerasseln eine Odyssee war, »eine Irrfahrt durch das Mittelmeer des Wissens«. Meine Irrfahrt führte durch ein unendlich viel begrenzteres Mittelmeer, ein winzigkleines Tintenmeer, auf dem von Anfang bis Ende meiner Fahrt einige Blätter weißes Papier trieben.

Mit dem Papier unterhielt ich schon beizeiten verwirrende Beziehungen. Das begann, als ich acht Jahre war und mein ältester Bruder den glücklichen Einfall hatte, mich von Zeit zu Zeit in sein Büro zu holen. Ich liebte diese Besuche über alles, taten sie mir doch eine Welt auf – die der Erwachsenen und der Geschäfte –, die den meisten meiner Altersgenossen verschlossen war.

Vom ersten meiner Besuche an, der an einem Tag lähmender Kälte stattfindet, zieht mich besonders die monumentale Schreibmaschine an, sodann ein hoher, recht schmaler Regalschrank mit Schiebetür, in dem, sorgfältig angeordnet, verschiedene Sorten Papier gestapelt sind. Schöne Blätter von blendendem Weiß, die ich mir fein, leicht und knisternd denke: manche sind ganz jungfräulich weiß, andere tragen einen Schriftkopf, wieder andere erscheinen noch geheimnisvoller (Verwaltungsformulare vermutlich). Ihr ganzer Zauber rührt daher, daß sie nicht im entferntesten dem gräulichen Papier meiner Hefte ähneln; nicht ein einziges kleines Karo, nicht die kleinste horizontale Linie trüben ihre Reinheit.

Die Fülle verblüfft mich und vermehrt noch meine Bewunderung für diesen Bruder (der im übrigen keine Gelegenheit ausläßt, mir eine Freude zu bereiten). Wie er mich an diesem Tag erstarrt vor seinem Papierlager stehen sieht, ermuntert er mich, nach Belieben zuzugreifen. Das lasse ich mir nicht zweimal sagen, und kaum hat er sich umgedreht, da raffe ich mir, vor Freude zitternd, einen gehörigen Papiervorrat zusammen, indem ich von jedem Stapel, den ich erreichen kann, Muster an mich nehme.

Das war wirklich mein erster Schatz. Und weil ich noch keinen Ort für mich hatte, wo ich ihn hätte hüten können, stellte ich ihn einfach über mein Bett, hinter den Rahmen mit dem Porträt meiner Mutter (dessen Pendant mit dem Bild meines Vaters an der Wand gegenüber hing).

Ich hatte keine Vorstellung davon, was ich mit dieser Menge Papier anfangen sollte. Mit Müh und Not brachte ich in ungelenken und wackligen Buchstaben die Wörter oder Sätze, die mir mein Lehrer diktierte, auf »doppelt liniertes« Papier (das war, bevor ich ein guter Schüler wurde).

Wenn ich jetzt daran zurückdenke, frage ich mich, ob ich mir nicht vielleicht einbildete, ich könnte dieses Papier eines Tages zu Geld machen. Es gab bei uns damals nur Papiergeld: winzige viereckige Pappstücke für die niedrigsten Summen – Pfennigbeträge –, kleine Scheine für die etwas höheren Summen (ähnlich denen in Italien, wenn es keine Hundert-Lire-Münzen gab). Ich hatte nie über viele dieser Scheine verfügt und war wohl auch nicht besonders darauf aus gewesen. Aber die Vorstellung, den Stoff zu besitzen, aus dem ich mir eines Tages nach Herzenslust viele machen könnte, hatte doch etwas Beruhigendes. Jedenfalls war dies die Form, in der sich bei mir zum ersten Mal der Trieb zur Anhäufung äußerte.

Ich sollte mich mit diesem ersten und gewiß üppigen Vorrat nicht begnügen. In der Folge nutzte ich jeden mei-

weißes Papier sammeln

ner Besuche bei meinem Bruder, um so zu tun, als brauchte ich dringend Nachschub, und um einige zusätzliche Blätter einzuziehen, die am Abend zu den anderen kamen, hinter das Lächeln und die zartrosigen Wangen des Porträts meiner Mutter.

Später, als Gymnasiast, achtete ich darauf, stets mehr als nötig Kalender, Notizbücher, Register oder einfache Hefte einzukaufen, von denen die meisten unberührt blieben: die gewaltigen Vorhaben, für die ich sie bestimmt hatte, schickten sich bereits damals darein, nicht über das Projektstadium hinauszukommen. Und wie die Jahre dahingingen, gebot ich allmählich über eine stattliche Sammlung jener kostbaren Hilfsmittel, deren Umschläge aus Pappe wohl ein bißchen bleichten, während ihre kleinkarierten Seiten vergilbten, aber die doch stets bei der Hand waren, um die Ausführungen, denen ich sie zugedacht hatte, aufzunehmen, und eigentlich das Wichtigste schon enthielten. Das ging so weit, daß ich es als Sakrileg empfunden hätte, sie etwa untereinander zu vertauschen: zu sehr standen sie im Bann der Sätze, die seit langem in ihnen hätten stehen sollen.

Wieder einige Jahre später waren es große, in schwarzes Leinen gebundene Geschäftsbücher (die man noch in spezialisierten Schreibwarenhandlungen in der Nähe der Bibliothèque Nationale findet), die ich mit demselben Eifer wie einst meine Kinderhefte anzuhäufen begann.

Kürzlich nun habe ich erst in Venedig, dann in New York genau das gefunden, wonach ich so lange suchte: Objekte, die in jeder Hinsicht wie Bücher aussehen bis auf die Tatsache, daß sie nicht ein einziges gedrucktes

Wort enthalten. Die aus Venedig sind, wie es sich gehört, ausgesprochen elegant, aus feinstem Papier und sorgfältig gebunden, die aus New York machen weniger her, sind aber praktischer, und auf beiden Seiten ihres weißen Umschlags steht in fetten schwarzen Lettern – außer beim O in *Nothing*, das schmaler, größer und leuchtend rot ist – der etwas herausfordernde Titel: *The Nothing Book*. Ich weiß nicht, welche Anwandlung von Scham mich im einen wie im anderen Fall davon abhielt, mehr als zwei dieser von schlummernden Möglichkeiten erfüllten Bücher zu erwerben. Vermutlich wollte ich den Umfang meines »Werks« nicht maßlos übertreiben: so fiktiv es auch war, sollte es doch wahrscheinliche Ausmaße bewahren.

Meine Haltung zum Papier ist noch heute zwiespältig. Nur ungern benutze ich kariertes Papier: die kleinen Kästchen sperren mich ein. Weißes Papier hingegen beeindruckt mich, und ich tue alles, um ihm seine Reinheit zu erhalten. So habe ich eine geradezu leidenschaftliche Neugier dafür entwickelt, wie andere Leute mit ihrem Papier umgehen, und ich muß einfach einen raschen Blick auf alle Skizzen, Notizen, Manuskripte werfen, die mir unter die Augen kommen (die meiner Freunde selbstverständlich, aber manchmal auch die von Unbekannten, an denen mich der Zufall vorbeiführt). Nicht, um indiskreterweise ihren Inhalt zu entziffern, sondern bloß, um das Verhältnis des Geschriebenen zu seinem Träger zu erfassen. Manche Schriften schockieren mich durch ihre Schamlosigkeit. Sie wälzen sich lüstern über Seiten und Seiten, kümmern sich nicht um Linien, stören sich nicht an Rändern, überschreiten jede Grenze, werfen ihre derben Glieder in alle möglichen Richtungen. Von weitem erscheinen sie gar wie mit dem Papier verwachsen, als wären sie ihm seit jeher eingeprägt. Meine kommt nicht als Eroberer daher: niemals stürzt sie sich gewaltsam in die leeren Weiten des vor ihr liegenden Papiers. Lange Zeit verweilt sie respektvoll an dessen Saum; sie greift nicht an, sie streift nur, streichelt es mit der Federspitze, so als müßte man es erst zähmen. Und so geht es weiter. Wenn ich eine Seite beendet habe, scheint sie noch kaum angefangen, und in dem, was ich an Platz um meine Texte lasse, brächte ein anderer leicht die seinen unter.

So bin ich natürlicherweise dahin gelangt, die kurzen Formen zu bevorzugen, die am wenigsten Papier benötigen. Ich denke mir Weisen aus, einen Text zu reduzieren, so wie man eine Sauce reduziert. Ein gut gebauter Aphorismus ersetzt mir – sehr zu meinem Vorteil – eine ganze philosophische Abhandlung. Manchmal genügt ein einziger Satz, wo eine Seite zuviel wäre, aber es muß ein Satz sein, der nachklingt und weiterträgt.

reduziertes Schreiben

Kurze Pause Nr. 2

Es ist an der Zeit, Ihnen, verehrter Leser, wieder das Wort zu erteilen. Sie haben sich ohne zu murren vom Autor auf die verschlungenen Pfade seiner Vergangenheit führen lassen. Sie haben ihn aufwachsen sehen im Schnittpunkt mehrerer Unbehagen, mehrerer Uneindeutigkeiten. In großen Sprüngen sind Sie ihm durch alle Etappen eines ereignisarmen Lebens gefolgt. Etappen, die eines gemeinsam haben: sie führten alle in dieselbe Sackgasse.

– Na großartig! werden Sie sagen. Weshalb zieht er nicht endlich seine Schlüsse daraus? Wenn denn die Werke der einzige Spiegel sind, in dem ein Künstler seine wahre Größe erkennen kann, sollte unser Mann sich keinerlei Illusionen mehr über seine Gaben als Literat hingeben. Das ist noch lange kein Grund zur Verzweiflung. Soll er doch der Welt des Sagens und Schreibens entsagen, dann befreit er sich wenigstens von der Pflicht, zu sagen und zu schreiben, daß er der Welt entsagt.

– Gewiß! das ist ein höchst ehrenwerter Ausweg, und er sollte Ihnen dankbar sein, daß sie ihn ihm weisen.

– Ob er sich nun darauf stürzt?

– Alles drängt ihn dorthin, und doch bezweifle ich, daß er sich darauf einläßt.

– Werden Sie uns nun endlich sagen, warum?

– Weil er schlichtweg glaubt, er könnte eines Tages aus seinen Schwächen Nutzen ziehen.

warum schreiben sie trotzdem

– Wie? Aus seinem Scheitern ein Kunstwerk machen? Auf den schäbigen Trick zurückgreifen, ein Buch zu machen aus den Trümmern derer, die er nicht geschrieben hat? Er, der einst hingebungsvoll von einem echten Meisterwerk geträumt zu haben bekennt, sollte sich dazu hergeben, Werkabfälle zusammenzuflicken?

– Und warum nicht? Was hat er schon zu verlieren? Was er auch anstellt, er hütet den Kindertraum vom befreienden Buch. Dies Zauberbild läßt seinen Blick nicht los. Um sich davon freizumachen, reicht es nicht, woanders hinzuschauen: in allen Dingen erblickt sein Auge nur die Abwesenheit des Gesuchten. Sollte er sich nicht lieber in diese Situation schicken? Also hat er sich dafür entschieden, geduldig die Umrisse dieser Abwesenheit zu beschreiben, so genau wie möglich ihre Signatur zu schildern.

– Dann Gott befohlen. Nur eins möge er bedenken: eine Sache ist es, aus seinem Scheitern ein Kunstwerk machen zu wollen, eine andere, es so zu hätscheln, als wäre es schon eins …

Umrisse der Abwesenhei

Helden

Vorschlag, in einem kalten Winter Bücher zu brennen. Georg Christoph Lichtenberg

Ich weiß nicht, ob man weiter schreiben soll. Bedeutende Geister haben es angezweifelt. Marcel Schwob neigte, wie schon Renan, zu der Ansicht, daß uns nach den Leistungen der Klassiker und der Romantiker nur noch ein Gebiet zu erforschen bleibt, dasjenige der wissenschaftlichen Literatur. Jean Paulhan

Alles ist gesagt – alles, was sich groß und einfach sagen ließ – in den Jahrtausenden, seit Menschen dichten und trachten. Alles ist gesagt, was tief war, gemessen an der Höhe des Gedankens, und also zugleich umfassend und weit. Heute kann man nur noch wiederholen…, es bleiben nur noch winzige unerforschte Details… dem gegenwärtigen Menschen bleibt die undankbarste und unerfreulichste Aufgabe, nämlich mit einem Wust von Details die Lücken auszufüllen.

Pierre Reverdy

Daß alles gesagt sein soll, daß es nichts mehr zu sagen geben soll – man weiß es und spürt es. Was man hingegen weniger spürt, ist, daß diese Einsicht der Sprache einen seltsamen, ja beunruhigenden Stellenwert gibt, der das wiedergutmacht. Die Worte sind endlich errettet, weil sie aufgehört haben zu leben.

Émile Michel Cioran

Sprechen macht mir Angst, denn weil ich nie genug sage, sage ich auch stets zuviel.

Jacques Derrida

Die »gute Farce« gibt es einfach nicht. Wohl meinte ich, das Spielchen, das ich von Kindheit an getrieben hatte, den halsbrecherischen Balanceakt zwischen geretteten Illusionen und hinausgeschobenem Scheitern, endlos weiterspielen zu können. Schließlich war ich der einzige, der es in Gang setzen und laufen lassen konnte, und es lief auch immer besser.

Tatsächlich aber war ich in eine Falle getappt. Der Traum vom Ruhm, den ich nach wie vor hegte – wenngleich immer mehr im Verborgenen –, hatte die ersten Fehlplanungen unbeschadet überstanden; eines Tages aber hatte er sich auf Zehenspitzen fortgeschlichen, wohl deshalb, weil er zu lange auf seine Stunde gewartet hatte. Von nun an erschien mir das Spiel genau so, wie es war: ohne Sinn und Zweck.

Die ironische Distanz, die ich gegenüber den Engagements meiner Freunde einnahm, die einer nach dem anderen ganz zielstrebig (was mich immer noch verstört) die Gruppe fanden, mit der sie sich dann lange Zeit identifizieren konnten (Clan, Partei, Familie oder Grüppchen), ließ mich allmählich ins Abseits geraten. Weil ich weder Moden noch Meistern traute, weil mein Denken mehr sein sollte als ein Abklatsch der mich umschwirrenden Gerüchte, setzte ich mich selbst außer Gefecht. So daß ich schließlich, was das Intellektuelle angeht, nur noch eine Art Strauchdieb war, ein Mensch, der nirgends dazugehört. Und von jenen langen Jahren, die in meiner Erinnerung allmählich zu einem Stück gerinnen, bleibt mir nichts als die Spuren eines einsamen Schreitens hin zu weiß Gott welcher Form des Schreibens: ein langsames, ein zauderndes Schreiten, unendlich verzögert durch die immer stärkere Überzeugung, daß Schreiben so oder so müßig ist. Ich spüre, mit welcher Macht sich die Trauer über die Dinge senkt, und denke unablässig über die Wege nach, die ich nicht eingeschlagen, und die Initiativen, die nicht zu ergreifen ich vorgezogen habe.

I

Hätte ich meine Geschichte erzählt, hätte ich die Probleme des Exils, der Entwurzelung oder der durchkreuzten Traditionen – die damals vielen noch als Gemeinplätze zu rein akademischen Zwecken galten – mit meiner eigenen Erfahrung unterlegt, so hätte das sicher ziemlich innovativ gewirkt. Das konnte gar nicht schiefgehen. Meine Lage war originell genug, um der Sache den Beigeschmack des Exotischen zu geben, andererseits war mein Werdegang soweit allgemeingültig, daß sich, von geringfügigen Korrekturen abgesehen, jeder darin wiedererkennen konnte. So viele überraschende und ulkige Züge, und am Ende doch eine Kindheit wie alle anderen.

Freilich dachte ich nicht daran, mein Elternhaus zu schildern – sein schmiedeeisernes Tor, seine langen Zimmerfluchten, den Springbrunnen mit seinem sternförmigen Becken mitten im Garten – und anhand von Anekdoten die Mitglieder meiner Familie abzukonterfeien. Mir ging es vielmehr darum, fern jeder Anekdote und auf eine Weise, die mir noch herauszufinden blieb, diesem Haus und seinen Bewohnern stetige Existenz zu verleihen und der Kette von Orten und Figuren, an denen die Phantasie des Lesers ihren Anhalt findet, ein weiteres Glied hinzuzufügen. Eine Aufgabe, der ich mich natürlich nicht gewachsen fühlte. Ich hätte nicht einmal gewußt, welchen Ton ich meiner Darstellung hätte geben sollen, so zwiespältig waren meine Empfindungen noch. Meine marokkanischen Jahre – in meiner Erinnerung war das bald ein verlorenes Paradies, bald wieder die Zeit der früheren Emigration oder der schlechten Exotik. Und ebenso erschien mir mein einsamer Umzug in das ärmliche und graue Paris Mitte der fünfziger Jahre (mit seinem unverkennbaren Nachkriegsgeruch) mal als die erträumte Rückkehr ins Gelobte Land, mal als verfrühter Weg in eine schmerzhafte Heimatlosigkeit. Nach so vielen Jahren in der Ferne wieder mit diesen Zwiespältigkeiten zu kämpfen, hätte bedeutet, öffentlich zuzugeben, daß da eine Trauerarbeit noch nicht beendet war, die obendrein nie ernsthaft unternommen worden war.

Sodann konnte ich nicht umhin, es als ein beunruhigendes Symptom anzusehen, daß ich mit einer Autobiographie beginnen sollte. Mich rührselig über meine Kindheit zu neigen, war entschieden nicht erhaben genug. Ich hätte lieber erst einen langen Umweg gemacht, mich in ein ungewöhnliches Vorhaben gestürzt, das meiner Natur zuwiderlief und das niemand mir zugetraut hätte: ein kühner Streich, über den ich später leichten Herzens gespottet hätte. Danach erst hätte es mir zugestanden, träge meinen Erinnerungen nachzuhängen.

Ja, wenn ich den Dingen auf den Grund ging, widerstrebte mir eigentlich jede Art von Bekenntnisliteratur. Zu deutlich ahnte ich die Gefahren der Selbsterforschung. Kaum hat man diesen unsicheren Boden betreten, macht sich die Unredlichkeit breit. Und alle vorgeblichen Historikerskrupel verhüllen nur die Histrioneneitelkeit. Was für ein jämmerliches Schmierenstück, bei dem derjenige, der *ich* sagt, immerfort die Rollen wechselt: wie in einem Kriminalroman, in dem der Autor gleichzeitig Opfer und Täter, Inspektor und Zeuge und am besten gleich noch Richter wäre! Das Unternehmen steckte also voller Fallen und Fußangeln, die ich mir gnadenlos vor Augen führte, ohne auch nur daran zu denken, daß sich manche vielleicht ohne großen Aufwand umgehen ließen.

So beneide ich noch heute diejenigen, deren nahtlos erzähltes Leben exemplarischen Wert annimmt: träumen sie, so sind ihre Träume die unserer Gesellschaft, ängstigen sie sich, so sind ihre Ängste die unserer Zeit. Sie brauchen es nur auszusprechen, und sofort erkennt sich jeder in ihnen wieder. Wer sollte sich wohl, sagte ich mir, in mir wiedererkennen? Die Erinnerungen, die ich so sorgfältig hüte, sind unbrauchbar. Sie gelten einer Welt, die nur wenige Leute gekannt haben und die heute so gut wie abgestorben ist. Wozu sollte man sie auferwekken und für wen? Habe ich nicht, da ich sie verließ, das Recht verloren, in ihrem Namen zu sprechen?

Die Vorstellung, daß sich andere, hypothetische Leser eines Tages für sie interessieren könnten, wäre mir unsinnig erschienen. Hatten denn nicht auch sie ihre eigenen Erinnerungen? Hatten nicht auch sie ihren Werdegang? Wie hätte ich mit meinen Worten ihren Widerwillen überwinden sollen? Welcher Einbruchstechnik hätte es bedurft, um nicht erst ihren Widerstand, sondern bereits ihr legitimes Desinteresse zu durchbrechen? Ein einziges Beispiel reichte mir: wie sollte ich jemals einem des Hebräischen, seines Klanges und seiner Rhythmen vollständig Unkundigen die Art von musikalischem (und bei aller feierlichen Strenge dieser Augenblicke geradezu sinnlichem) Vergnügen vermitteln, die mir die Gebete an den hohen Feiertagen des Frühherbstes, die zugleich melodischer und prunkschwerer waren als die eines gewöhnlichen Sabbat, bereiteten?

Sehr bald kam ich zu der Überzeugung, daß es zwecklos ist, zu schreiben, solange man keine Vorstellung von seiner Leserschaft hat, solange man niemand begegnet ist, dessen Aufforderung man nachkommen, dessen Ermutigung man Glauben schenken, auf dessen Urteil man sich verlassen könnte. Dieses Rückhalts und somit einer ihrer wichtigsten Funktionen – eine Form von An- und Wiedererkennung zu erzeugen – beraubt, hätte die Erzählung meines Lebens zu nichts getaugt. Anderen ist es gelungen, aus ihrer – übertriebenen, nach Belieben vergrößerten – Vergangenheit Epen zu machen, die von der geschickt gestifteten Verbindung von wenig Erinnerung mit viel Erfindung leben. Alles, was mir geriet, war eine weitere Fessel.

Vor den Gefahren des intimen Tagebuchs brauchte ich

mich nicht so in acht zu nehmen. Eine Art bewußter Abscheu hatte mich davor bewahrt, und ich dachte nicht im entferntesten daran, diesem Laster, das beizeiten alles zerfressen hätte, zu verfallen. Das Fehlen allen Zwangs, aller Form und Regel hätte mich genau dahin geführt, wohin ich nicht wollte: in die Einöde des Narzißmus und der Selbstgefälligkeit. Amiel hatte mich einige der Lächerlichkeiten, die dieser Übung anhaften, gelehrt: die aufgeblasenen Details, die endlosen Kleinigkeiten, vor allem aber der zunehmende Hang zu Untätigkeit (dem man zu allem Überfluß noch mit knabenhaften Selbstermahnungen beizukommen meint). Ich stak schon genügend voll von Schrullen, daß ich mir keine weiteren zuzulegen brauchte. Wäre erst der Anfang gemacht, soviel wußte ich, würde ich der Versuchung, des Guten zuviel zu tun, nicht standhalten und ständig darauf aus sein, zu verführen oder zu verletzen, immer nur bedacht, die Komplizenschaft eines per Definition doch inexistenten Lesers zu erheischen. Nein, ganz entschieden nein, darauf durfte man sich nicht einlassen; das wäre mir bestenfalls wie ein endloser Nachholkurs für die Zulassungsprüfung zum Club der Schriftsteller vorgekommen.

2

Ich sah wohl eine Lösung: ich hätte mich nur entschlossen der Fiktion zuwenden, der Phantasie anvertrauen müssen, um mit einem Schwertstreich alle Knoten zu sprengen, hätte nur Helden zu erfinden brauchen, die mich von meinen Fesseln befreiten, hätte endlich mit Geduld oder Geschick eine mythische Figur schaffen müssen, die mich mir selbst erträglich gemacht hätte. Bei näherem Hinsehen erwiesen sich auch da die Dinge als weniger einfach als gedacht.

Wie es sich gehört, hatte ich, seit ich zu lesen begann, mich mit allen möglichen Figuren identifiziert, die ich nach Belieben kombinierte (Odysseus mit Robinson, Jonas mit Gulliver, Herkules mit Samson, Hiob mit Don Quijote), so daß ich beständig zwischen mehreren Welten segeln konnte. Ein bedeutender Fortschritt trat ein, als ich per Zufall eines Tages (da ich wieder einmal in den Büchern einer meiner Brüder blätterte) Reichtum und Fülle der allegorischen Deutung entdeckte. Ich war wie geblendet. Also waren die Abenteuer der Helden in meinen zerschlissenen *Contes et légendes* nicht aus der Luft gegriffen! Sie hatten einen Sinn: mehr noch, sie sprachen von mir und von nichts anderem. Das eine lehrte mich Trotz und Ungehorsam, und ich nahm mir vor, seine Lehre ja nicht zu vergessen (was ich dann aber doch rasch tat); das andere zeigte mir, daß Vielfalt der Formen dazu dienen konnte, die Identität zu schützen. Ich ließ diese fabelhaften Vorfahren an mir vorbeiziehen und wunderte mich nicht mehr, daß sie mir so nahe schienen. Sisyphos, Penelope, Tantalos, ja selbst die bleichen Danaiden … wie ich waren sie Opfer der Unmöglichkeit, ein Werk zuende zu führen – und zugleich besessen vom Verlangen, immer von neuem zu beginnen.

Doch auf die Dauer entwickelte sich das Objekt meiner spontanen Identifikationen und klärte sich. Es wandte sich anderen Horizonten zu. Jetzt suchte ich mir Ähnlichkeiten mit allen wirklichen oder imaginären Antihelden: die sanften, gedemütigten Träumer aus den Ghettos, die verfolgten Gerechten, die Reinen, Opfer ihrer Reinheit, die Kämpfer auf verlorenem Posten, die verkannten Genies, kurz alle fünfbeinigen Böcke, die man für sanfte Schafe hält, alle Adler, die in ihrer kurzsichtigen Umgebung als lahme Enten gelten. Sie waren mir teuer, und wenn sie am Ende triumphierten, dann triumphierte auch ich. Manchen Wendungen der Lage allerdings stand ich doch etwas skeptisch gegenüber. Wenn die letzte Enthüllung geschah, wenn der verkannte Gerechte endlich in aller Augen Anerkennung gefunden hatte, befriedigte mich das nicht immer. Zu deutlich witterte ich in diesen wunderbaren Auflösungen den simplen Kunstgriff des Autors, der sich keineswegs schlüssig ergab. Auf einmal entdeckte ich, daß ich diese verzauberte Welt, in der man die Dinge nur zu sagen braucht, damit sie für wahr gelten, nicht mochte.

Ich für meinen Teil hatte es nicht so eilig damit, die Welt des Imaginären zu betreten; dort herrschte zu viel Freiheit und zudem eine Form von Macht, die mir von vornherein nicht geheuer war. Denn auch die Fiktion hatte ihre Gefahren: auch sie wirkt entblößend – aber hinterhältiger als das schlichte und einfache Geständnis. Wie also fängt man es an, daß man nicht den professionellen Analytikern ins Netz geht? Ich gab mir weise Ratschläge auf den Weg: »Wenn du dich jemals entschließt, etwas von deinen Sachen zu veröffentlichen«, sagte ich mir, »denk daran, daß sie dir danach nicht mehr gehören. Deine Leser werden nicht bloß danach forschen, was du sagen wolltest, sondern auch nach dem, was du ihnen zu verbergen suchtest. Sie werden stets raffinierter sein als du verschlagen warst; sie werden dir auf alle deine Schliche kommen. Das Schlimmste ist aber nicht, daß du am Ende nackt dastehen wirst, das Schlimmste ist, daß sie vielleicht dein flüchtig erblicktes Bild gegen weiß Gott was für einen Popanz austauschen, der ihnen gerade in den Kram paßt.« Und ich dachte an die Fluten von Unsinn, die sich über Autoren ergossen hatten, welche mir lieb und teuer waren; mir grauste davor, eines Tages solchen Meistern in die Hände zu fallen, die sich mit ihren stumpfen Messern und rostigen Rastern erdreisten, aus einem Schweigen den Schrei, aus einer Leere ein Zeichen, aus einer Verleugnung die Spuren eines Geständnisses herauszupräparieren.

So träumte ich denn von einer einbruchsicheren Anonymität, einem subtilen Spiel von Pseudonymen, das selbst die findigsten Schnüffler dieser Art irregeführt hätte. Ich hatte sogar begonnen, mir eine ganze Batterie imaginärer Identitäten zuzulegen, von denen natürlich bisher – muß ich das eigens erwähnen? – nicht viele zum Zuge gekommen sind. Meine Vorgehensweise war höchst einfach. Ich faßte jeden dieser Namen nicht als eine Maske, sondern als eine Art experimentelles Ich auf, das, gleich einem mißgestalteten Gesicht, dem erst die Chirurgie ein wenig Gleichmaß gegeben hat, einige kohärente Züge von mir fixierte, so daß der Leser sich einbilden könnte, es mit einer echten Persönlichkeit zu tun zu haben. Wie Versuchsballons hätte ich all diese Pseudonyme gemeinsam durch die Welt ziehen lassen und – selber unsichtbar – ihr Verhalten beobachtet. Ja, ich sagte mir, daß mich zuguterletzt nichts davon abhalten könnte, mich mit dem erfolgreichsten von ihnen dauerhaft zu identifizieren. So war ich denn unter dem Vorwand, meine Identität zu schützen, und in der Hoffnung, einige meiner möglichen Facetten erfolgreich auf den Weg zu bringen, sogar bereit, meinen Familiennamen – der an manchen Tagen so schwer zu tragen war wie ein Eimer am ausgestreckten Arm – nicht unbedingt zu verleugnen, aber doch von meinen künftigen Werken entschieden fernzuhalten.

Im Grunde rührte meine ganze Verlegenheit daher, daß ich immer noch der alten Ideologie meiner jungen Jahre aufsaß, die die Literatur als Enthüllung verstand. Ich hatte noch nicht begriffen, was heute vermutlich die Kinder in der Schule lernen, daß nämlich ein Buch nicht der Widerschein oder die Übertragung von etwas zu sein braucht, das bereits existiert. Was nichts weiter heißt, als daß man es rundheraus und ungescheut erschaffen kann, weil sein ganzer Seinsgrund in ihm selber liegt. Um die Hindernisse zu umgehen, die mich bis dahin festgehalten hatten, hätte ich eine Schreibweise finden müssen, die ihren Autor weder verdorben noch entborgen hätte. Kurz, eine Schreibweise, die aus sich selbst entstanden wäre.

Überall habe ich nach ihr gesucht.

Lücke

Entschwundener Gedanke, ihn wollte ich niederschreiben; statt dessen schreibe ich, daß er mir entschwunden ist. Blaise Pascal

An dieser Stelle muß der Autor dem Leser ein hochpeinliches Geständnis machen. Die Aufzeichnungen, die in dieses Kapitel eingehen sollten, sind verschwunden, und der Autor hat weder die Zeit, nach ihnen zu suchen, noch die Kraft, sie neu zu erstellen. Der nachsichtige Leser möge also zur Kenntnis nehmen, daß nach dem ursprünglichen Plan just dieses Kapitel einem langen Gespräch (oder vielmehr einer Debatte) mit dem Leser gewidmet war.

Der Autor hatte vor, endlich seine Vorgehensweise zu rechtfertigen, diese Vorgehensweise, die ihn dazu gebracht hat, einen Text zu liefern, der beständig über seinen eigenen Kommentar stolpert. Wer weiß denn, ob es der Leser schätzt, wenn man fortwährend seine Lektüre unterbricht, um den Lauf, den die Dinge eben nahmen, schon wieder umzulenken? Dieser Drang, Nuancen nachzutragen, die bisweilen nützlich, ja nötig sein mögen, manchmal aber auch so geringfügig, daß sie bei einem weniger gewissenhaften Autor (von denen es heutzutage viele gibt) wegfallen könnten, ohne daß diese Auslassung die ganze Sache aus dem Gleichgewicht bringen würde, ganz im Gegenteil; diese Manie, jede (oder beinahe jede) Behauptung durch Gespött abzuschwächen (was es einem offenbar ermöglicht, ohne allzu große Peinlichkeit über die peinlichsten Dinge zu reden); endlich dieser Hang, jedes Geständnis durch eine sarkastische Wendung zu entschärfen (als wüßte man nicht seit langem, daß Selbstbespöttelung nur eine – unwesentlich zierlichere – Form des Sicht-Ernstnehmens ist): führt nicht dieses ganze Gehabe zuguterletzt zum – in mehrfacher Hinsicht schädlichen – Zerfall einer von vornherein bereits nicht übermäßig klaren Aussage?

Auf diese ohne eigentliche Bosheit vorgebrachten Bemerkungen des Lesers antwortete der Autor mit einem leidenschaftlichen Plädoyer, einem wahrhaften Rhetorenstück alten Stils.

All dieser Schwächen, sprach er, war er sich wohl bewußt. Doch erschien ihm dieser Text nie als ein Stück aus einem Guß, und als ein solches sollte er auch nicht angesehen werden. Niemals hatte er behauptet, er habe einen strengen und bruchlosen Diskurs geschaffen. Gehörte er doch nicht zu jenen glorreichen Kolossen, deren flinker Logos – aus dessen blanker Woge (gleich wie von polierter Glätte) tausend helle Glossen blinken – den Leser erst auf flotte Fahrt mitnimmt und später gnadenlos versinken läßt.

Er behauptete auch keineswegs, seine Ironie (oder sein Gespött) sei ganz und gar unschuldig. Immerhin aber gäbe sie einen Zugang ab und zeigte denen, die von sich aus nicht sofort darauf gekommen wären, daß sich ein roter Faden durch das Werk zog. Im übrigen sei er bereit zuzugeben, daß nichts von dem, was er gesagt habe, wirklich originell sei: mehr als eine Passage sei ihm beim Wiederlesen etwa so neu erschienen wie ein Kalenderwitz. Ja und? Wenn man bestimmte Wahrheiten am Leben erhalten wollte, mußte man sie dann nicht wieder und wieder sagen? Letztlich verdankten die Dinge ihr Dasein allein der Mühe derer, die sie Tag für Tag wiedererschufen.

Und endlich, so schloß er, war es ihm doch nur darum zu tun, eine – wie immer leichte und flüchtige – Unruhe oder Verstörung bei denen hervorzurufen, die sich bis dahin in aller Seelenruhe dem literarischen Betrieb hingegeben hatten, und umgekehrt denen, die darunter litten, nicht schreiben zu können, ein wenig Ruhe zu verschaffen.

Die bündige Zusammenfassung dieser leidenschaftlichen Debatte sollte es dem Leser zumindest ermöglichen, ungehindert die Lektüre des folgenden Kapitels anzugehen.

Letztes Wort

... Ein Buch, das ein Buch sein soll, gebaut wie ein Haus und planvoll durchdacht, und nicht eine Sammlung von Zufallseingebungen, mögen sie noch so wundervoll sein.

Stéphane Mallarmé

Warum kann ein Buch nicht auf der Höhe der Notwendigkeit, es zu schreiben, sein?

J. Vicens

So ist es denn fast vollbracht und sieht nun ganz wie ein Buch aus: immerhin hat es sich ja aus einer Reihe von Kapiteln zu einem Thema ergeben. Um ehrlich zu sein: ich habe diese Seiten geschrieben ohne eine einzige der Schwierigkeiten, ohne (oder fast ohne) eine der Hemmungen, über die sie sich doch ständig auslassen. Genau aus diesem Grunde aber komme ich zurück auf das, was von Anfang an behauptet (wenn auch, wie Sie sich vielleicht erinnern, nicht begründet) wurde: *dies ist kein Buch.* Denn es steht außer Zweifel, daß das Buch, das Sie, verehrter Leser, soeben in Händen halten, nicht das geringste mit jenem anderen zu tun hat, das so lange Zeit Objekt meines Begehrens war und das in Trauer abzuschreiben ich mich nicht entschließen konnte, war es doch Träger all meiner Hoffnungen und verstrahlte Glanz und Feierlichkeit. So erscheint es mir schon um der Reinheit der Sprache willen nur recht und billig, wenn nicht ein und dasselbe Wort zwei derart verschiedene Dinge bezeichnet. Es sei denn, man nähme – um den Preis unendlicher Komplikationen – hin, daß es sich hier um einen (bedauerlichen) Fall von Homonymie handelt...

Doch da der geneigte Leser mir schon einmal gefolgt ist, als ich mich über imaginäre Bücher verbreitete, wird er mir vielleicht auch einige Ausführungen über die Ursprünge dieses ganz und gar wirklichen Nichtbuchs nachsehen.

I

Ich ging also davon aus, daß ein Buch nicht dazu da war, unnötigerweise die Wirklichkeit zu verdoppeln, sondern dazu, sie mit anderen Mitteln fortzusetzen. Es ging einzig und allein darum, und zwar so schnell wie möglich, die besagten Mittel zu finden.

Das beste Mittel war natürlich, mit eben jenen – vielfach ignorierten, aber nicht minder fürchterlichen – Waffen gegen die Literatur vorzugehen, welche – in kundiger Hand – gerade die Zweideutigkeiten und Schwachstellen der Sprache darstellen. So beschloß ich denn, meine eigene Leserlist gegen die Schrecken des Geschriebenen (oder besser seine schalkhaften Schikanen) aufzubieten: nun hieße es Trug um Trug und Tücke um Tücke. Der Kampf wäre damit vielleicht kein ungleicher mehr.

Ich setzte mich über die ehrwürdigsten Verbote hinweg, erhob den Verstoß selbst zur Methode, versuchte mich in allen Spielarten der Blasphemie, der Schändung, vermengte – wie all die anderen, die mir vorausgegangen waren auf diesem überraschend ausgetretenen Pfad – äußerste Albernheit mit äußerstem Ernst. Meiner gewaltigen Ambitionen vorübergehend ledig, vertiefte ich mich von neuem ins Einmaleins des Schreibens. Den Zugang suchte ich über seine Grundbestandteile: Buchstaben, Silben, Zahlen, ja ganz schlicht die Satzzeichen. Davon ausgehend erklärte ich umstandslos sämtliche

Grenzen für abgeschafft: zwischen Wörtern, zwischen Sätzen, Seiten, ganzen Werken. Daraufhin bemerkte ich plötzlich in den mir vertrautesten Texten weiße Flecken, Lücken, Leerstellen, und ihrer wurden immer mehr. Ich stopfte sie eilig mit undurchsichtigen Wörtern zu, reiche Ernte spielerischer Umkehrungen.

So entdeckte ich, daß ein Wort, kaum zeigt man die geringste Gastfreundschaft, nicht mehr allein daherkommt. Hinterdrein folgt seine ganze Sippe – Verwandte nach Sinn oder Laut –, die offenbar nur darauf gewartet hatten, daß eines der ihren eindrang, um allesamt hereinzuströmen. Ich ließ sie gewähren, oder richtiger, ich trieb sie dazu, indem ich ihnen auf tausenderlei Weise Bahn brach. Väterchen Victor, der staunte nicht schlecht, mein Federstrich macht' ihn zum elenden Knecht, worauf er mir schmucke Sprichwörter bringt und den Halbvers, der ihm beliebig entspringt. Und sogar den rassigen Racine mit seinen sich windenden Versen habe ich als Reimfriedhof mißbraucht. Ich liebte es, auf die Suche nach Edgar Allan Poes Bett zu gehen und an den Tag zu bringen, daß es nirgends anders stehen konnte als in seinem Lesezimmer. Per Expertenhilfe eines Frühperfekten, aus dem alsbald ein Meister wurde, gelang es mir an manchen Tagen, aus der Tiefe eines wundervoll altmodischen Pfarrhauses (das, umgeben von leuchtendem Grün, nichts von seinem Zauber verloren hatte) eine genossenschaftlich verbundene Schar von Arbeitern auftauchen zu lassen, ja auf einer berühmten Seite sah ich endlich statt den Lettern eines Blankverses nur mehr lauter blanke Lettern.

Wider die heiligsten Gebote suchte ich nach neuen

Weisen, der Syntax Gewalt anzutun, und fand Sinn in den dem Sinn entratendsten Aussagen, den unfolgerichtigsten Wortfolgen. Ich gewöhnte mir an, die schlichtesten Formeln und Redensarten heimlich um ihren Sinn zu bringen, um mir daraus solche zu formen, die meinen Wünschen gerecht wurden. Besonders gern gebrauchte ich jene Wörter, die normalerweise erst dann einen Sinn haben, wenn man sie mit Anführungszeichen gehörig dingfest gemacht hat.

Nach dem Vorbild Queneaus, der aus dem *Discours de la méthode* den Stoff für *Chiendent* gewonnen hatte, ging ich daran, einen Rhetorikkurs in einen Abenteuerroman und eine bekannte Schulbuchanthologie in eine Liebesgeschichte zu verwandeln. Gern hätte ich dieses Experiment noch auf weitere Kategorien von Büchern ausgedehnt: auf Wörterbücher, Enzyklopädien, Zeittafeln, ja sogar Telefon- und Adreßbücher. Zwar hielt ich mir oft genug meinen übertriebenen Hang zum Pastiche vor: wozu bloß immer wieder tote Formen aufgreifen? Aber, sagte ich mir dann wieder, wie kann man sicher sein, daß eine Form wirklich tot ist, solange man sie nicht selbst ein bißchen totgeritten hat?

Von der eigentümlichen Euphorie der Rekonvaleszenten ergriffen, vermeinte ich mit einemmal, fliegen zu können. Hinter mir lagen Apathie, Erstarrung, Faulheit, Mattigkeit, Schläfrigkeit, Trägheit und Willenlosigkeit. In mir brannte es wie ein Feuer: zwar hatte es lange gebraucht, bis es aufloderte, aber nun würde es auch, so stand zu hoffen, ebensolange brennen. Mit einem Streich befreite ich mich von den symmetrischen Einfältigkeiten des Lyrismus und des Zynismus. Um andere zum Lachen zu bringen, hielt ich es nicht einmal mehr für nötig, erst einmal über mich selbst zu lachen.

Entschlossen, von nun an nichts mehr ernstzunehmen als allein das Lächerliche, glaubte ich allen Ernstes, ich brauchte bloß noch zu erscheinen, um sogleich den Schein des in der Literatur Seinsberechtigten zu verbreiten.

Den Rest besorgten Zufall und Freundschaft.

2

So habe ich mir denn eine Frage gestellt, die mir ungewöhnlich schien, und mich auf die Suche nach möglichen Antworten begeben. Zunächst dachte ich, es gäbe auf diesem Wege nichts Interessantes zu entdecken (darum habe ich auch so viel Zeit vertrödelt). Die Diagnose liegt auf der Hand: ein nahezu klassischer Fall von Indolenz, Flucht vor der schöpferischen Leistung, Unvermögen, sein Begehren ernstzunehmen. Man kann die ganze Sache mehr oder weniger abfällig benennen; am mildesten ist vielleicht noch der Titel, den Flaubert beinahe seiner *Éducation sentimentale* gegeben hätte: die trockenen Früchte. Weiß Gott, ich war sicherlich weder das erste noch das letzte unreife Früchtchen einer kümmerlichen Vegetation.

So, wie ich dieses Werk zunächst anlegte, wäre es auf eine Art Wette hinausgelaufen: die endlose Paraphrase einiger Elementarsätze, von denen mich, hätte ich den Leser abgeben müssen, keiner angesprochen hätte.

Und dann kam ich darauf, daß es vielleicht auch anders ginge, und mir wurde plötzlich etwas klar (was mir bisher immer entgangen war): zwischen dem individuellen Akt des Schreibens und der sozialen Tatsache des Büchermachens liegt eine unendliche Distanz. In meinem Fall sah es so aus, daß seit Jahren das Schreiben im wesentlichen nicht dazu gedient hatte, Literatur zu erschaffen, sondern vielmehr dazu, ihre Produktion aufzuschieben. Ums Wort mich schleichen und alles vermeiden, was irgend einer Versicherung glich, das war es, was ich tat und sonst nichts. Wie sollte ich unter diesen Umständen jemals die Distanz überwinden, die mich vom Buch trennte?

Ich hätte Artaud zu meinem Schutzpatron erwählen und die Eingangserklärung der *Nervenwaage* zur Rechtfertigung meines Unternehmens heranziehen können: »Statt wie andere mit Werken zu wuchern, will ich nichts weiter als meinen Geist zeigen.« Doch mein Streben ging eher dahin, eine Form zu finden, mit der ich die disparate Fülle der im Lauf der Jahre zu einem Thema angehäuften Fragmente einfangen ließ, um daraus endlich, nach gründlicher Destillation, einige, wie ich hoffte, starke Seiten zu gewinnen. Gleichzeitig wollte ich zu einem Werk gelangen, bei dem man jederzeit den Eindruck hätte, daß noch alles möglich ist, ein Werk, dessen Sinn nicht vom Autor vorgeschrieben wäre, sondern sich aus einem inneren Reifungsprozeß ergäbe (von dem nicht feststünde, daß er jemals abgeschlossen wäre).

Es zeichnete sich eine Antwort ab.

Wenn ich nun dem, was den Hauptgegenstand meiner

Angst ausmachte (schreiben oder nicht) eine Gestalt gäbe – wäre dies das Mittel, dem Zirkel von Betäubung und Lähmung wenigstens um ein geringes zu entkommen? Ein Schritt vielleicht zu einer Kleinform der Meisterschaft? Scheint doch selbst Proust zwanghaft besessen von der Vorstellung, »sein Buch« nicht schreiben zu können, und kommt doch mit seiner eigenen Geschichte dadurch voran, daß er beständig diese Furcht beim Namen nennt.

Ergo: wer schreibt, daß er schreiben möchte, der schreibt bereits. Wer schreibt, daß er nicht schreiben kann, schreibt immer noch. Wie viele kühne Unternehmen beruhen nicht auf derartigen Umkehrungen: die Peripherie wird zum Zentrum gemacht, das Beiwerk zum Wesentlichen, der verworfene Stein zum Eckstein. Ich wußte also, was mir zu tun blieb: ein Gewaltstreich, welcher Büchern, die es in Wirklichkeit nicht gibt, fiktive Existenz verleiht und auf diese Weise dem Buch, das von diesen fiktiven Büchern handelt, wirkliche Existenz verleiht. Mithin eine Verhaltensweise ganz ähnlich derjenigen, die zum cartesischen *Cogito* führt: in ein und demselben Zuge, in dem ich meine Unfähigkeit zum Schreiben bekundete, würde ich mich als Schriftsteller erweisen, und dank dem Nichtsein meiner ungeschaffenen Werke würde dieses hier zutage treten. Ein schönes Beispiel für die Strategie Wer-verliert-gewinnt, jenes dialektische Meisterstück, das aus einer Reihe von Fehlschlägen die Straße des Erfolges macht. Vergessen wir nicht, daß sich Sisyphos Muskeln zulegt!

Abschied vom Leser

Dieser plötzliche Schluß erscheint Ihnen schwach, lieber Leser? Aber wer weiß schon, wie man hätte schließen sollen? Der Autor weiß ebensogut wie Sie, daß die letzten Zeilen den ersten an Wichtigkeit nicht nachstehen. Doch wozu hier viele Schlußworte machen? Alle Tricks dieser Welt schaffen kein Ende an diese Seiten, die einfach keines haben können.

– Na, ein Versuch noch! sagen Sie, ein Ruck, und Sie sind aus der Tinte.

Also gut, sagen wir denn, daß dieser Text letzten Endes als ein ganz klassischer Roman durchgehen kann. Erzählt er nicht von einer fortwährend verhinderten Begegnung, einer versagten Liebe, die immer neue Hemmungen und Widrigkeiten, Illusionen und Enttäuschungen erfährt? Einer unglücklichen und letztlich vielleicht unmöglichen Liebe, derjenigen seines Autors zu einer bestimmten Vorstellung von Literatur.

Ich weiß wahrhaftig nicht, was man mehr bewundern soll, das Übermaß an Güte der Menschen, die so armselige Versuche in Gnaden aufnehmen, oder die schier unglaubliche Dreistigkeit, mit der ich derartigen Unfug in die Welt setze.

Maurice de Guérin
Le cahier vert

Inhalt